Cornelia Nitsch

Spiel und Spaß mit Enkeln

Die Autorin
Cornelia Nitsch, Jahrgang 1946, hat Sozialwissenschaften studiert und lange Jahre als Redakteurin bei „Spielen und Lernen" und „Eltern" gearbeitet. Sie ist verheiratet, hat vier Kinder und lebt als freie Journalistin und Autorin mit ihrer Familie bei Bad Tölz.

Cornelia Nitsch

Spiel und Spaß mit Enkeln

scriptor

Dies ist ein Buch aus dem
Büro für wissenschaftliche Publizistik
Dr. Horst Speichert
Emanuel-Geibel-Str. 18
6200 Wiesbaden
Redaktion: Sylvia Winnewisser

Anregungen und Kritik bitte an diese Adresse

CIP-Titelaufnahme der Deutschen Bibliothek
Nitsch, Cornelia:
Spiel und Spaß mit Enkeln/ Cornelia
Nitsch. — Frankfurt (Main): Scriptor, 1990
ISBN 3-589-20898-8

Fotos: Jürgen Junker-Rösch, Berlin, Wolfgang Schult, Hamburg und Berthold Schweiz, München
Zeichnungen: Katja Rosenberg, Wiesbaden
Umschlagentwurf: Lochmann's Studio, Frankfurt am Main
Herstellung, Satzkonvertierung und Umbruch:
Büro für wissenschaftliche Publizistik, Wiesbaden
Filme, Lithos und Endfertigung: Spiecker Verlag & Werbung, Frankfurt am Main
Druck: Clausen & Bosse, Leck
Vertrieb: Cornelsen Verlagsgesellschaft, Bielefeld
Printed in West-Germany
ISBN 3-589-20898-8
5 4 3 2 1

Inhalt

Liebe Leserin! Lieber Leser!

Die meisten jungen Eltern haben inzwischen begriffen, wie wichtig für ihre Wunschkinder die Großeltern sind.
Schon immer hat sich über die Enkel die Beziehung zu Tochter und Schwiegersohn oder Sohn und Schwiegertochter verändert. Wie oft wurde nicht alter Streit begraben, wie oft hat nicht die Beziehung eine neue Qualität gewonnen — nicht zuletzt auch in der Häufigkeit, mit der man sich wieder sieht.
Die meisten Kinder werden heutzutage als Wunschkinder geboren. Die Eltern machen sich mehr Gedanken über den „richtigen" Umgang mit den Kindern, sie haben aber dennoch oft nicht so viel Zeit für den Nachwuchs, wie sie sich das wünschen.
Oma und Opa können in dieser Situation für die Enkel eine wichtige Rolle übernehmen. Aber das ist nur eine äußere, wenn

auch wichtige Voraussetzung. Wirklich wichtig wird die Rolle der Großeltern für ihre Enkel durch eine ganze Reihe von Qualitäten, die sie in die Beziehung zu dem Nachwuchs der zweiten Generation einbringen:

Großeltern sind in aller Regel durch die Enkelkinder nicht so leicht zu nerven, wie Eltern das nun mal sind. Der Grund dafür liegt gar nicht so sehr darin, daß Oma und Opa weniger beruflich oder anderweitig gestreßt und daher sozusagen „von Natur aus" geduldiger sind als die Eltern, welche ja einen anforderungsreichen Alltag zu bewältigen haben. Das spielt natürlich auch eine Rolle. Viel wichtiger aber ist die emotionelle Distanz zu den kleinen Krabblern und Schreiern, den Schmutzfinken und vorlauten Plappermäulern.

Sagen und empfinden zu können, daß es ja nicht die „eigenen" Kinder sind, bietet eine erhebliche Entlastung. Großeltern müssen sich mit ihren Enkeln nicht so identifizieren, wie Eltern das meist tun. Eigentlich haben auch Eltern die Freiheit, ihre Kinder ihre eigenen Erfahrungen ohne emotionelle Einmischung durch Mama und Papa machen zu lassen, aber den meisten Eltern fällt diese Zurückhaltung sehr schwer. Sie schämen sich, wenn „ihr" Kind vorlaut ist oder im Restaurant an andere Tische läuft oder auf der Straße Leute anstößt... Die Identifikation mit der Brut ist meist riesig.

Großeltern sind da einfach großartig. Sie haben diesen Druck nicht, sich für das „Fehlverhalten" der Kleinen verantwortlich fühlen zu müssen. Und das entspannt die Beziehung zu den Enkeln, macht Opa und Oma zu den potentiell „besseren" Erziehern.

Großeltern sind darüberhinaus für Kinder von einem magischen Interesse, haben sie doch zu Zeiten gelebt, von denen auch die Eltern nicht aus eigenem Erleben zu berichten wissen. Und Großeltern sind darüberhinaus jene Leute, bei denen die Eltern genauso klein waren wie die Enkel jetzt sind...

Großeltern sind einfach unersetzlich bei der Einführung der Kinder in die Welt.

Und nicht zuletzt kommen dann die Vorlieben und Hobbies der Alten, Interessen und Erfahrungen, der interessante Beruf und und und.

So mancher Knabe hat seinen Beruf gefunden, weil der Großvater so interessant und spannend und vor allem kompetent von dem seinen zu berichten wußte.

So manche (ältere) Großmutter kann heute zur Weiterentwicklung der Kultur beitragen, indem sie ihre alten Rezepte wieder herauskramt, mit denen sie beispielsweise vor vierzig Jahren Motten mit natürlichen Mitteln wie Lavendel oder Steinklee auf ökologisch unbedenkliche Art aus den Kleidern fernhielt, bevor die große Chemie mit auch für Menschen schädlichen Mitteln so gründlich aufräumte, daß uns heute noch der Atem davon stockt.

Überhaupt wächst unser Bewußtsein als Senioren, zu denen sich auch der Herausgeber zählen darf, seit einigen Jahren ganz beträchtlich. Zum Beispiel haben Wissenschaftler herausgefunden,

daß wir Älteren durchaus noch genauso gut lernen können wie Jüngere. Ja, unsere Erfahrungen geben uns in einigen Bereichen sogar einen leichten Vorsprung. Das achtundreißigjährige Fußballwunder Milla aus Kamerun könnte ja nun auch schon ganz gut Großvater sein, wenn auch zugegebenermaßen ein noch recht junger.
Alles in allem: Es ist schade, wenn die Enkel so weit weg von den Großeltern wohnen, daß sie all das Gute, was sie ihnen zu bieten haben, nur in den Ferien oder bei — meist ja recht hektischen — Kurzbesuchen genießen können.
Von dem Spaß ist auch noch zu reden, den Großeltern dabei haben (können), wenn sie ihren Enkeln ins Leben helfen können mit all ihren Fähigkeiten, ihrem Wissen, ihrer Geduld, ihrer Kompetenz und dem Geheimnisvollen, das sie umgibt.
Besonders wenn der Streß des Berufslebens sich schon etwas gelegt hat, wenn man oder frau nur noch eine Teilzeitstelle hat oder gar schon die Zeit „danach" genießen kann, ist die Auseinandersetzung mit den Jungen ein wahrer Lebensborn. Er hält körperlich und geistig fit und erspart kostspielige und mühselige Kurse und Kuren.
Nicht nur aus praktischen Gründen tun Eltern gut daran, bei der Wahl des Wohnsitzes in der Zeit des Kinderkriegens nicht nur die bestmöglichen Orte für die eigene Karriere zu berücksichtigen, sondern auch den Faktor Wohnsitz der Großeltern.
Man muß nicht gleich grauer Panther werden, um sich als Opa und Oma das gehörige Selbstbewußtsein zu besorgen, das diese Gesellschaft uns oft genug vorenthalten will. Unsere Enkel können dabei eine nicht unwichtige Rolle spielen.
Möge dieses Buch Ihnen dabei helfen, sich und Ihren Enkeln Freude, Spaß und Vergnügen zu bereiten, sich selbst an die eigene Kindheit mit Vergnügen zu erinnern — kurzum dem Leben jene Qualität abzugewinnen, die Sie und Ihre Enkelkinder verdient haben.

Wiesbaden, den 2. Juli 1990
Dr. Horst Speichert

Was dieses Buch bringt

Hans und Laura, Claudia oder Dieter, Justus oder Achim, Susanne oder Lea. Ganz einfach: Ihre Enkel, wie immer sie auch heißen mögen, morgen sind sie wieder da. Erwartungsvoll stehen sie vor Ihnen. Und Sie, die heißgeliebte „Omi", Sie, der bewunderte „Opa", wollen mal was anderes mit ihnen machen.
Sie erinnern sich noch an die Frage, die Ihren Enkeln beim letzten Mal auf dem Gesicht geschrieben stand: „Machst Du was mit uns?" Und Sie haben beschlossen, eine neue Antwort darauf zu finden.
Kinder wollen was erleben, am besten jeden Tag etwas Neues, noch Aufregenderes als am Tag vorher. So behalten sie den Besuch, die Ferien bei Oma und Opa gerne in Erinnerung.
Wie lange ist es her, daß Ihre Kinder noch klein waren und bekocht und bespielt werden wollten — zwanzig oder schon dreißig Jahre ?
Wie war das noch mit den Speisen und Leckereien, die die Kinder am liebsten hatten? Und was waren das für Spiele, Geschichten, Verse, an denen sie immer solch einen Spaß hatten?
Was haben sie am liebsten gebastelt?

In diesem Buch finden Sie eine Menge Anregungen und Tips, die einerseits bei Enkelkindern gut ankommen, andererseits auch den Großeltern Spaß machen und sie nicht überfordern.

Zum Beispiel:

- Spiele, die ohne großes Lärmen und Toben stattfinden können, dennoch auch beim Stillsitzen spannend sind.
- Ablenkungsmanöver und kleine Kinkerlitzchen, die Kinder vergessen lassen, daß sie eigentlich vom Spazierengehen nichts halten.
- Bastelgeschichten, die sich ohne mühevolles Einkaufen verwirklichen lassen und weder Bastelgeschick noch größere Vorbereitungen erfordern.
- Geschichten zum Vorlesen, Rätsel und Reime, die Langeweile gar nicht erst aufkommen lassen.

- Bauanleitungen für Spielzeug, das nur ein paar Groschen kostet und ruck-zuck gefertigt ist und dennoch einiges aushält.
- Hinweise auf Mitbringsel und Überraschungen, Geschenkideen, die Enkelkindern und Großeltern gleichermaßen Freude machen.
- Zur Stärkung kann gekocht werden. Zusammen in der Küche stehen und mit Rührgerät und Kochtopf hantieren, bis eine leckere Mahlzeit geschaffen ist.

Viel Vergnügen mit diesem Buch wünscht Ihnen

Ihre Cornelia Nitsch

Kapitel 1

Die Enkel sind da

An alte Zeiten fühlen sich viele Großeltern erinnert, wenn sie ihre Enkelkinder auf den Schoß nehmen und mit ihnen spielen.

Geduld, diese Tugend

An damals, an die Zeiten müssen sie denken, als die eigenen Kinder noch klein und schmusig waren und sich's gemütlich machten auf ihrem Schoß. Und jetzt genießen sie es, wieder solch ein kleines Bündel von Kind bei sich zu haben, es an sich zu drücken und seine Wärme, seinen Duft in sich aufzunehmen. Und nebenbei ein paar Spielchen mit dem Enkelkind zu machen und dieses Vergnügen ganz auszukosten.

Diese Spielchen, die sich ergeben, sind für das Enkelkind die Hauptsache.

Nichts ist schöner als bei Oma oder Opa auf dem Schoß zu thronen und „bespielt" zu werden. Omas und Opas bringen beste Voraussetzungen mit für solch einen Spaß. Sie müssen nicht gleich wieder aufstehen wie viele Mütter und Väter, die es eilig haben und immer etwas zu tun.

Und noch etwas haben Oma und Opa zu bieten: Sie bringen die nötige Geduld mit. Geduld, die kleine Kinder so sehr schätzen. Ein Spiel x-mal wiederholen müssen auf Wunsch des Kindes ist den meisten Erwachsenen ein Greuel. Großeltern sind da meist eine Ausnahme. Sie ertragen Kinderwünsche in der Regel gelassen. Und Großeltern haben oft auch ihre Freude daran, Enkelkinder mit neuen Spielen vertraut zu machen, wie Sie sie auf den nächsten Seiten finden.

1 Wolkenkratzer

Sie bauen zusammen einen Turm in die Luft: Die rechte Hand Ihres Enkelkindes ist die erste Etage. Auf die erste Etage kommt die zweite: Ihre linke Hand usw. Der Turm wird auch über die vierte Etage hinaus aufgestockt: Die Hände, die erst unten liegen, wandern langsam nach oben.

Wer an der Reihe ist mit Bauen, erzählt in ein oder zwei Sätzen, wer in diesem Stockwerk des Wolkenkratzers lebt – zum Beispiel: „Hier lebt Herr Kikelkakel mit einem Wellensittich. Herr Kikelkakel arbeitet als Postbote und hat eine Freundin, die heißt Agathe." Oder: „Hier lebt Familie Weibling mit fünf Töchtern

2 Das Uhrenspiel

Die meisten kleinen Kinder sind von Uhren fasziniert, nehmen sie gerne in die Hand, schauen sich Zifferblatt und Zeiger an und hören begeistert auf das Ticken.

Anhand von Uhrzeiten läßt sich einiges an Geschichten erzählen.

Die Geschichten beginnen mit dem Aufstehen – zum Beispiel um 7 Uhr.

Sie zeigen die Sieben auf der Uhr und erzählen sich gegenseitig, wie das Aufwachen, das Aufstehen vor sich geht. Dann zeigen Sie auf die Acht. Was tut sich im Alltag um 8 Uhr? Sie sprechen darüber wie auch über alle folgenden Stunden des Tages, die Sie auf der Uhr zeigen.

3 Hoppe-Hoppe-Reiter

Eine neues, etwas ruhigeres Hoppe-Hoppe-Reiter-Spiel. Sie nehmen Ihr Enkelkind auf den Schoß und lassen es ganz sanft auf Ihren Knien reiten. Dann wird das Ganze holperiger, und Sie sagen dazu folgenden Spielvers:

Hoppe-Hoppe-Reiter
Dieser kleine Reiter
Hoppelt immer weiter.
Hoppe-Hoppe-Reiter
Dieser kleine Reiter,
Der lächelt ganz heiter.

4 Handlesen

Sie schauen sich die Handlinien Ihres Enkelkindes an und tun so, als hätten Sie eine Landkarte vor sich, die zu deuten sei. Da gibt es Flüsse zu sehen und kleinere Bäche und dazwischen Wiesen, umgeben von Hügeln. Die Landschaft ganz sanft mit einer Fingerspitze nachzeichnen.

5 Ein Kribbel-Krabbelmäuschen

Mit dem Zeigefinger Mäuschen spielen. Das Mäuschen krabbelt

im Nacken des Kindes, huscht hinter einen Holzstapel (hinters Ohr), läuft über die Wiese (durchs Haar) und verschwindet schließlich im Mauseloch (im Pullover des Kindes).

6 Windmühlenflügel

Ihr Enkelkind sitzt auf Ihrem Schoß mit dem Rücken zu Ihnen. Sie nehmen seine Hände zwischen Ihre Hände, strecken die Arme aus und bewegen sie im Kreis. Die Windmühlenflügel drehen sich. Vorwärts, rückwärts, mal ganz langsam, mal schneller und manchmal pusten sie ein wenig, dann pfeift der Wind Ihrem Enkelkind um die Ohren.

7 Das Lied vom König

Wieder sitzt Ihr Enkelkind auf Ihrem Schoß, diesmal mit dem Gesicht zu Ihnen. Sie singen zusammen oder auch im Kanon mit ihm das Lied „Froh zu sein bedarf es wenig, doch wer froh ist, ist ein König!".
Dabei wiegen Sie sich zusammen im Takt. Und immer, wenn vom König die Rede ist, verneigen Sie sich voreinander.

8 Zurrediburre

Für dieses Spiel brauchen Sie einen Schal. Einen Schal, der ein bißchen Ziehen und Zerren aushält. Wieder nehmen Sie Ihr Enkelkind auf den Schoß, so daß es Sie anschaut beim Spielen. Sie nehmen einen Schal in die Hände, halten ihn am beiden Enden fest, das Kind hält ihn mit beiden Händen in der Mitte.
Das Spiel beginnt: Sie ziehen mit Hilfe des Schals das Kind zu sich heran und geben ihm einen Kuß auf die Nasenspitze, und dann zieht das Kind Sie zu sich heran und gibt Ihnen einen Kuß auf die Nasenspitze. So geht das eine Weile hin und her, bis die Sache langweilig wird.

9 Wenn Katzen schnurren

Bei diesem Spiel kringelt sich das Kind auf Ihrem Schoß zusammen wie ein Kätzchen und schnurrt, und Sie spielen derweil einen

Maler, der alles kunterbunt anstreicht, was er sieht.
Beispielsweise malen Sie mit Ihrem Zeigefinger das Ohr des Kindes nach und sagen:
„Der Maler malt dieses Ohr grün!" Dann malen Sie mit Ihrem Finger die Nase des Kindes nach und sagen:
„Der Maler malt die Nase lila!"
Sie malen mit Ihrem Finger den Hals des Kindes nach und sagen:
Der Maler malt den Hals rot an!"
Dann werden die Rollen getauscht.

10 Wiegewaage

Sie spielen, Sie seien eine Waage. Auf der Waage liegt ein dicker Klops, das Kind, das sich zusammengerollt hat.
Sie wiegen den Klops auf Ihrem Schoß und sagen dazu in langgezogenem Leierton:
„Wiegewaage. Den Klops auf meinem Schoß,
den werd' ich nie mehr los,
Wiegewaage."
Aber dann, ganz plötzlich, kippen Sie den Klops so von Ihrem Schoß, daß er sanft hinabfällt.

11 Der Riese auf dem Rücken

Das Kind liegt bäuchlings über Ihren Knien, und Sie zeichnen mit einem Finger einen großen Kreis auf seinen Rücken. Das ist der Kopf vom Riesen.
In den großen Kreis zeichnen Sie zwei kleine Kreise. Das sind die Augen des Riesen. Unter die kleinen Kreise zeichnen Sie zwei Punkte, das sind die Nasenlöcher des Riesen.
Und zum Schluß bekommt er noch einen breiten Mund.

12 Familie Diesel und Familie Wiesel

Familie Diesel besteht aus zehn Personen. Und diese zehn Personen könnten Ihre zehn Finger sein. Familie Wiesel besteht ebenfalls aus zehn Personen. Und diese zehn Personen könnten die zehn Finger Ihres Enkelkindes sein.
Sämtliche Familienmitglieder haben noch keine Vornamen.

Zuerst könnten Sie den Mitgliedern der Familie Wiesel Namen geben, auf einen Finger nach dem anderen tippen und sie dabei mit Fantasienamen schmücken. Dann ist Ihr Enkelkind an der Reihe, knüpft sich die Mitglieder der Familie Diesel vor und benennt Ihre zehn Finger.

13 Flüsterpost

Sie flüstern Ihrem Enkelkind ein Wort ins rechte Ohr. Das Kind flüstert Ihnen daraufhin dasselbe Wort ins linke Ohr. Jetzt flüstern Sie ihm zwei Wörter ins rechte Ohr. Und es flüstert Ihnen daraufhin dieselben zwei Wörter ins linke Ohr. So werden die Nachrichten immer länger, bis schließlich ein Wörtersalat entsteht und Ohrenklingeln.

14 Wo ist der Mops geblieben?

Der Mops ist ein Taschentuch mit Knoten. Und mit dem Mops wird ein Versteckspiel veranstaltet.

Sie schließen die Augen und lehnen sich zurück.

Ihr Enkelkind sitzt auf Ihrem Schoß und versteckt den Mops unter seinem Pullover.

Dort suchen Sie ihn dann. Ihre Hand krabbelt auf der Haut entlang in den Pulloverärmel, oder sie sucht auf der Schulter des Kindes, unter dem Bündchen oder unter dem Unterhemd.

15 Radfahrer unterwegs

Ihr Enkelkind sitzt auf Ihrem Schoß, lehnt sich mit seinem Rücken an Sie. Sie nehmen seinen rechten Fuß in Ihre rechte Hand, seinen linken Fuß in Ihre linke Hand und fahren Rad mit den Beinen.

16 Strohhalmspiel

Ein Spiel für nackte Füße. Sie nehmen das Kind wieder auf den Schoß und klemmen ihm einen Strohhalm zwischen Zehen und Fußsohle. Das Kind versucht daraufhin, den Halm von einem Fuß an den anderen Fuß abzugeben. Das zu schaffen erfordert Übung und Geschick.

17 Rollerbollerball

Einen kleinen Ball brauchen Sie für dieses Spiel und ein Kind, das Lust hat mitzuspielen. Sie strecken eine Hand aus. Ihr Mitspieler streckt eine Hand aus. Gemeinsam rollen Sie den kleinen Ball zwischen den beiden Handflächen hin und her.

18 Fußsohlenkitzel

Noch ein Spiel für nackte Füße. Ganz sanft erst, dann immer kräftiger pusten Sie Ihrem Enkelkind über die nackten Fußsohlen. Das kitzelt ganz wenig oder auch ein bißchen mehr.

Am Fenster sitzen und rausschauen

Für die ruhigeren Spiele sind Großeltern manchmal eher zu haben als für die ganz lebhaften. Deshalb auf den folgenden Seiten ein paar sanftere Spielvorschläge, die mit Blick auf eine Straße am Fenster zu machen sind. Auf der Straße allerdings sollte sich ab und an etwas rühren, sonst wird das Gucken und Schauen zu schnell langweilig.

19 Das Sonnenstrahlenspiel

Dies ist ein Schönwetterspiel: Wenn Sie zusammen mit Ihrem Enkelkind am Fenster sitzen und sich über die Sonne freuen, läßt sich mit den Sonnenstrahlen ein Spiel machen: Sich gegenseitig und immer abwechselnd erzählen, wo die Sonnenstrahlen landen – zum Beispiel:

„Mein Sonnenstrahl scheint in einen Stall und kitzelt ein Schwein am Ohr, daß es niesen muß". Oder: „Mein Sonnenstrahl scheint auf eine Rosenknospe, die sich ganz langsam öffnet".

20 Endlosgeschichte

Ein Spiel für zwei. Sie beginnen, sagen ohne großes Nachdenken, was Ihnen einfällt, wenn Sie das Wort Sonne hören – zum Beispiel „Ferien an der See". Jetzt nimmt sich Ihr Mitspieler entweder das Wort „Ferien" vor und sagt wieder ganz spontan, was ihm dazu einfällt, oder er beschäftigt sich mit dem anderen Wort, mit der „See". Immer abwechselnd spinnen Sie an einer Geschichte weiter, die erst endet, wenn die Lust am Weiterspielen nachläßt.

21 Wolkenbilder

Ein Spiel, das Sie zusammen mit Enkelkindern vom Fenster aus spielen können, wenn Sie viel Himmel sehen und am Himmel Schäfchenwolken auftauchen. Je mehr Wolken, desto besser für das Spiel: Sie schauen sich gemeinsam die Wolken an und entdecken darin ganz unterschiedliche Bilder – Hügel und Täler, ein Ungetüm oder ein Riesengesicht im Profil. Dieses Spiel regt die Fantasie an und animiert zum Erzählen.

22 Sternengeschichten

Wenn's draußen dunkel ist, wenn in einer klaren Nacht die Sterne am Himmel funkeln, steigen die meisten Kinder gerne noch einmal aus dem Bett, um sich das Glitzern da oben am Himmel anzuschauen.
Das Vergnügen daran verdoppelt sich, wenn eine Großmutter oder ein Großvater sich jetzt die Zeit nehmen und Geschichten zu den Sternen erfinden, zum Thema „Milchstraße" zum Beispiel oder „Grüne Marsmännchen" oder „Fliegende Untertassen" oder „Mondkalb". Oder wenn Sie das Abendlied singen, das Sie selbst noch aus Ihrer Kindheit kennen und das auch heute noch bei Kindern gefragt ist. Zum Beispiel „Weißt du wieviel Sternlein stehen" oder „Der Mond ist aufgegangen".

23 Automarken erkennen

Bei diesem Spiel sind Kinder ihren Großmüttern und Großvätern in der Regel haushoch überlegen. Sie wissen Bescheid über die Autos, die auf der Straße auftauchen, erkennen jede Marke und haben Spaß daran, ihre Großeltern in diese Kunst einzuweisen.

24 Autos zählen

Ein Spiel, das bei kleinen Kindern, vor allem bei den meisten kleinen Jungen beliebt ist: Autos zählen. Nicht alle Autos, sondern nur ganz bestimmte. Jeder Mitspieler sammelt andere Automarken und vermerkt in seiner Strichliste, wenn auf der Straße ein Wagen der Marke erscheint, die von ihm gesammelt wird. Gewinner ist, wer nach einer vorher vereinbarten Zeit die meisten Striche gemacht hat.

25 Doubletten zählen

Wenn Sie aus dem Fenster auf eine stark befahrene Straße schauen, dann macht folgendes Spiel zusammen mit einem Enkelkind Spaß: Autos zählen, und jeder nimmt sich eine andere Marke vor. Wer zuerst eine Doublette auf der Straße entdeckt, das heißt zwei Wagen derselben Marke, die hintereinander fahren, darf die doppelte Punktzahl in seiner Strichliste vermerken.

26 Autoschildernamen

Beliebig viele Spieler können mitmachen. Gespielt wird reihum. Wer an der Reihe ist, nimmt sich zwei Buchstaben der Nummer des Autos vor, das als nächstes in seinem Blickfeld auftaucht – zum Beispiel pickt er sich die Buchstaben „H H" heraus und muß jetzt passend zu den Buchstaben einen Namen erfinden – etwa „Heinrich Hasenbein" oder „Hannelore Hammerstein". Lange überlegen ist nicht erlaubt. Ganz spontan, ganz schnell sollen die Namen genannt werden. Wer keinen Namen parat hat, setzt aus und kassiert einen Minuspunkt. Gewinner ist, wer am wenigsten Minuspunkte gesammelt hat.

27 Zahlenlotto

Gespielt wird zu zweit. Ihr Enkelkind beginnt, merkt sich die beiden letzten Ziffern der Nummer des Autos, das in diesem Moment durch die Straße fährt.
Dann sind Sie an der Reihe, merken sich die Nummer des nächsten Wagens. Zuletzt werden die beiden Nummern miteinander verglichen. Wer die höhere Zahl erwischt hat, darf sich einen Punkt gutschreiben und sich das nächste Auto vornehmen. Wer nach einigen Spielrunden die meisten Punkte gesammelt hat, gewinnt das Spiel.

28 Alte Bekannte kommen

Zusammen am Fenster sitzen und schauen, was sich draußen auf der Straße tut. Wer zuerst ein bekanntes Gesicht entdeckt, darf einen Pluspunkt vermerken. Wer nach fünf oder zehn Minuten die meisten Punkte gesammelt hat, gewinnt das Spiel. Das Spiel macht nur Spaß, wenn auf der Straße auch „was los ist".

29 Geschichten erfinden

Zu zweit oder zu dritt kann gespielt werden. Der jüngste Spieler beginnt, denkt sich eine Lebensgeschichte zu dem Menschen auf, der zuerst auf der Straße im Blickfeld erscheint und erzählt den anderen die Fantasiegeschichte. Dann ist der nächste an der Reihe. Beim nächsten Fußgänger, der auftaucht, beginnt er mit seiner Geschichte.

30 Auf Beobachtungsposten

Diesmal geht's nicht um Fantasie, sondern darum, genau zu beobachten. Alle versuchen gemeinsam zu erraten, welche Tätigkeiten die Passanten ausüben könnten, die draußen auf der Straße vorbeigehen. Ihre Körperhaltung wahrnehmen, ihren Gesichtsausdruck, die Kleidung.

31 Ich sehe was, was du nicht siehst

Ein klassisches Spiel: Einer wählt still für sich einen Gegenstand aus, den alle sehen können und teilt nur die Farbe des Gegenstandes mit – zum Beispiel: „blau". Alle anderen zählen nun blaue Dinge in Sichtweite auf. Wer richtig rät, darf in der folgenden Spielrunde einen Gegenstand aussuchen und die entsprechende Farbe nennen.

32 Memory anders

Ein Spiel für zwei. Beide Spieler schauen sich ein paar Minuten lang ganz konzentriert die Umgebung an, die durchs Fenster zu sehen ist. Dann schließen Sie die Augen, und Ihr Enkelkind stellt Ihnen eine Frage, zum Beispiel: „Wieviel rote Autos parken auf der Straße?" Oder: „Wo steht ein Fahrrad?" Sie versuchen, die Fragen aus dem Gedächtnis zu beantworten.

33 Spiele mit dem Fernrohr

Durch ein Fernrohr zu schauen macht Kindern einen Heidenspaß. Wenn sie dies vom Fenster aus auf eine belebte Straße tun können, erhöht das den Reiz ungemein. Ganz verschiedene Spiele zu zweit lassen sich daraus machen:

- Sie schauen durchs Fernrohr. Ihr Enkelkind dirigiert Sie in Richtung auf ein Ziel hin, das es im Auge hat.

Danach werden die Rollen getauscht.

- Das Fernrohr verkehrt herum halten und durchschauen. Plötzlich rückt das in weite Ferne, was sich vorher nur wenige Meter entfernt auf der Straße abgespielt hat.
- Gleichzeitig durch ein Fernrohr schauen. Einer schaut durch das linke Auge und schließt das rechte, der andere schaut durch das rechte Auge und schließt das linke.
- Aufgaben stellen und versuchen, sie mit Hilfe des Fernrohrs zu lösen. Zum Beispiel: „Welche Nummer hat das Auto, das da hinten in einiger Entfernung parkt?"

34 Farben zählen

Ein Spiel, das Sie zu zweit spielen können, wenn Sie auf eine belebte Straße schauen: Jeder nimmt sich eine bestimmte Farbe vor, zum Beispiel gelb, und zählt per Strichliste alles, was in gelb zu sehen ist. Nach zehn Minuten werden die beiden Strichlisten miteinander verglichen

35 Wörter suchen

Jeder Mitspieler hat einen Zettel vor sich auf der Fensterbank liegen, schreibt auf den Zettel vier Buchstaben in richtiger Reihenfolge aus einem Wort, das bezeichnet, was vom Fenster aus ganz in der Nähe zu sehen ist. Zum Beispiel: B.M.T.P. (Lösung: Blumentopf). Dann werden die Zettel ausgetauscht und jeder versucht, die Lücken zwischen den Buchstaben zu füllen.
Das Spiel läßt sich vereinfachen oder verkomplizieren, je nachdem, wie viele Buchstaben des gesuchten Wortes vorgegeben werden.

36 Häuserrätsel

Einer beschreibt ein Haus, das vom Fenster aus zu sehen ist. Oder einen Baum, ein Auto... Nicht zu deutlich werden bei der Beschreibung. Der andere versucht herauszufinden, welches Haus (... welcher Baum, welches Auto) gemeint sein könnte.

37 Steckbrief

Gespielt wird zu zweit oder zu dritt. Es muß möglichst viel Betrieb sein auf der Straße, die Sie vom Fenster aus beobachten können. Der jüngste Spieler sucht sich zuerst eine Person aus und beschreibt sie mit Hilfe einiger Stichworte, zum Beispiel: „Die gesuchte Person ist nicht sehr groß, trägt einen Mantel und Stiefel. Besonderes Kennzeichen: hat eine Plastiktüte in einer Hand." Wer die gesuchte Person zuerst entdeckt, darf den nächsten Steckbrief aufsetzen. Das Spiel ist nur interessant, wenn vom Fenster aus eine sehr belebte Großstadtstraße zu beobachten ist.

38 ABC ausgucken

Zwei oder mehr Personen können mitmachen bei diesem Spiel. Der jüngste Spieler beginnt wieder, sucht mit den Augen die Gegend ab, bis er ein Wesen oder ein Ding entdeckt, dessen Name mit einem A beginnt, zum Beispiel „Auto". Dann ist der nächste an der Reihe, blickt wieder durch ein Fenster nach draußen und sucht ein Wesen oder Ding, dessen Bezeichnung mit einem B beginnt, zum Beispiel: „Bushaltestelle".

Nach und nach wird das ganze Alphabet durchgespielt. Schwierige Buchstaben wie C und Q und X und Y sollten dabei übersprungen werden.

Sie können das Spiel auch als Wettspiel gestalten: Wer ein passendes Wesen/Ding findet, bekommt einen Punkt. Gewinner ist, wer im Laufe des Spiels am meisten entdeckt, also Punkte gesammelt hat.

Kapitel 2

Blödeln, Quatsch machen, zaubern

Nichts ist schöner für kleine Kinder, als wenn Großeltern Unsinn im Sinn haben und vielleicht sogar, na?, zaubern können.

„Oma, Opa, Ihr seid ja albern!"

Herrliche Zeiten für die Kleinen, wenn Oma und Opa zum Quatschmachen aufgelegt sind, denn Kinder lieben Albernheiten. Begeistert sind sie bei der Sache, wenn da ein Großvater ist, der zum Beispiel Witze erzählt und Witze vorspielt, oder eine Großmutter, die Lust hat auf kindische alberne Spielchen.

Diese blödsinnigen Kleinigkeiten am Rande, diese lächerlichen Spielchen sind oft das Salz in der Suppe. Das Salz, das den Alltag würzt. Wenn die Großeltern (fast) jeden Quatsch mitmachen oder sogar vormachen, ist ein Besuch bei ihnen so richtig witzig: „Da kann man sich kaputtlachen!" Darum folgt hier eine Sammlung von witzigen Spielen, die bei kleinen Kindern ankommen und nicht selten auch noch bei großen.

1 Der verirrte Schloßgeist

Sie spielen Ihrem Enkelkind eine Gespenstergeschichte vor. Zu jung sollte Ihr Enkelkind nicht sein, sonst nimmt es die Geschichte noch für bare Münze. Sie tun so, als hätte sich ein unsichtbarer Schloßgeist zu Ihnen verirrt. Nur Sie seien in der Lage, den Geist zu sehen. Sie halten die Geschichte zur Freude Ihres Enkelkindes eine ganze Weile durch, treiben Konversation mit dem Gespenst, bieten ihm Kaffee an und einen Platz am Küchentisch.

2 Platz besetzt

Sie legen heimlich, still und leise ins Bett Ihres Enkelkindes eine seltsame Gestalt, bestehend aus einem ausgestopften Schlafanzug, ausgestopften Socken, einem aufgeblasenen Luftballon als Kopf und einem Kopftuch statt Haaren.

3 Die Quatschköpfe vom Abendbrot

Sie lassen während des Abendbrotes, unbemerkt von der Familie, einen Kassettenrekorder mitlaufen und spielen das ganze abendliche Schmausen und Kichern zum Vergnügen aller am nächsten Tag vor.

4 Kuckucksei mit Küken

Zum Frühstück stellen Sie Ihrem Enkelkind einen Eierbecher vor den Teller, setzen in den Becher die fast unversehrte Schale eines Eis (das Loch in der Schale durch den Becher verdecken) und verstecken unter der Schale ein Küken aus Schokolade oder Zuckerzeug, das beim Ei-Aufschlagen entdeckt wird.

5 Bierdeckelkunststück

Sie legen einen Bierdeckel so auf die Tischkante, daß er zur Hälfte übersteht und hauen dann mit der Hand unter den Deckel. Der Deckel fliegt in die Luft, und Sie versuchen, ihn im Flug mit der gleichen Hand aufzufangen.

6 Wenn der Groschen fällt

Ein Spiel mit Groschen und Bierdeckel. Sie legen sich einen Bierdeckel auf den Kopf und auf den Bierdeckel einen Groschen. Dann wandern Sie kerzengerade, so daß Groschen und Deckel nicht ins Rutschen geraten, einmal um einen Tisch. Fällt Ihnen der Groschen vom Kopf, darf ihn Ihr Enkelkind einstecken.

7 Das Bauchgesicht

Ein Spaß bei heißem Sommerwetter: Sie tupfen und malen Ihrem Enkelkind mit Creme ein Gesicht auf den Bauch. Einen Kreis mit Pünktchen-Augen, mit Strich-Nase, Strich-Mund und riesengroßen Ohren. Und dann das Machwerk gemeinsam im Spiegel anschauen.

8 Allerschönste Fratzen

Ein Spiel für kleinere Kinder: Sie stellen sich gemeinsam vor einen Spiegel und schneiden um die Wette Fratzen. Schauen grimmig und wüst in den Spiegel. Grinsen affig und albern den Spiegel an. Lächeln hold und süß. Usw.

9 Das Clown-Gesicht

Sich einen dicken roten Mund malen mit weißer Umrandung, buschige Augenbrauen und ein paar Sommersprossen.
Das Schminken macht nicht nur zur Faschingszeit Spaß, sondern auch einfach so mal als Spiel mit Großmutter oder Großvater. Theater- oder Faschingsschminke werden dafür nicht unbedingt benötigt: Lippenstift, Augenbrauenstift und ein bißchen Creme tun's auch.

10 Klunker am Ohr

Aus Knöpfen Ohrringe basteln. Sie brauchen acht Knöpfe, egal wie groß, egal wie unterschiedlich, und zwei, etwa 20 cm lange, etwas dickere Fäden.
An beide Enden jeden Fadens fädeln und knoten Sie je zwei Knöpfe. Fertig sind die Ohrgehänge, die wie Zwillingskirschen übers Ohr gehängt werden.

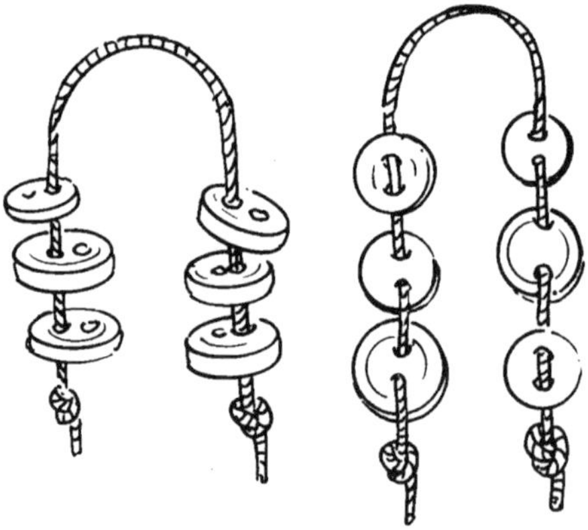

11 Der falsche Kopf

Sie zeichnen auf Karton mit Filzstiften einen reichlich großen, vor allem einen reichlich komischen Kopf mit Hals. Mit einer witzigen Nase oder (und) mit einer seltsamen Frisur oder (und) mit

mordsmäßigen Ohren. Dann schneiden Sie Kopf und Hals aus und überraschen Ihr Enkelkind damit, daß Sie mit dieser Maske vorm Gesicht bei ihm auftauchen.

12 Der Doppeldecker

Je kleiner die Kinder, desto größer das Vergnügen an folgendem Spiel: Ihr Enkelkind stellt sich vor Sie, stellt seinen rechten Fuß auf Ihren rechten Fuß und seinen linken Fuß auf Ihren linken Fuß. Sie halten das Kind fest und wandern mit ihm kreuz und quer durchs Zimmer. Mal Rücken an Bauch. Mal Bauch an Bauch.

13 Windmühlen

Sie breiten Ihre Arme aus als Windmühlenflügel, Ihr Enkelkind breitet seine Arme aus als Windmühlenflügel, und Sie drehen sich beide um die eigene Achse — erst rechts herum, dann links herum, bis sie ganz beduselt sind vom Drehen.

14 Zwei Kraken treffen sich

Ihre Arme verwandeln sich in die Fangarme einer Riesenkrake. Sie rudern mit den Armen durch die Luft und suchen ein Opfer, das Sie fangen und ganz fest drücken können.

15 Schnurrbärte

Ein Spiel für Großväter, die gerne Quatsch machen. Sie malen zusammen mit Ihrem Enkelkind ganz verschiedene Bärte auf dünnen Karton, schneiden die Bärte aus, fertigen aus Klebeband ein paar Röllchen und pappen diese hinter die Bärte. Dann wandern Sie gemeinsam zum Spiegel und probieren die Bärte aus. Wem steht welcher Bart am besten?

16 Sockenaugust

Sie ziehen einen Kindersocken über Ihre linke Hand, bewegen die Finger in dem Socken, krallen sie ein, strecken sie aus. Ihre Hand verwandelt sich in ein Fantasietier, das Blödsinn macht: Das Sie in die Nase beißt. Das Sie am Kopf kratzt. Das Sie ins Ohr zwickt.

Das quasselt wie ein Wasserfall. Das lauthals singt. Das Ihr Enkelkind kitzelt.

17 Fingerfuzzy

Sie pappen sich einen Papierpunkt mit Augen, Nase, Mund auf den Daumen. Aus dem Daumen wird Fuzzy. Fuzzy gibt seinen Kommentar ab zu allem, was Sie mit Ihrem Enkelkind bespre-

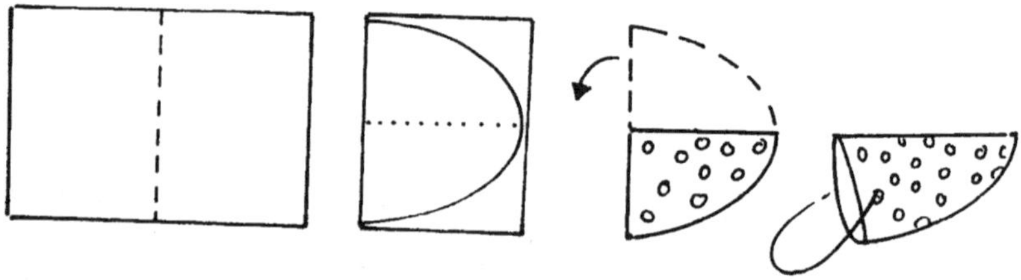

chen. Fuzzy ist ein enormer Besserwisser. Mischt sich ungefragt laufend in jedes Gespräch ein — zum Vergnügen Ihres Enkelkindes, das seinen Spaß daran hat, wenn Sie die Doppelrolle spielen: Großmutter (oder Großvater) und Fuzzy.

18 Wenn der Opa einen Schnabel hat

Sich einen Schnabel vors Gesicht binden, das ist vielleicht ein bißchen albern, aber gerade über solche kleinen Albernheiten können sich die meisten Kinder herzhaft freuen.

Und so entsteht ein Schnabel im Schnellverfahren: Einen Bogen Schreibpapier der Breite nach halbieren. Aus einer Hälfte einen nicht zu kleinen Halbkreis schneiden. Den Halbkreis auf einer Seite bemalen — zum Beispiel mit einem Pünktchenmuster. Dann den Halbkreis — Pünktchen nach außen — an den Kanten zusammenkleben. Zum Schluß rechts und links in den Schnabel Löcher bohren, dünne Schnüre durchziehen, die Schnüre verknoten und den Schnabel umbinden.

19 Den Ozeandampfer machen

Aus einer leeren Flasche wird die mächtig dröhnende Tute eines Ozeandampfers, wenn Sie mit viel Gefühl und viel Kraft in die Flasche hineinpusten.

20 Baumstammgespenster

Sie nehmen einen Klumpen Knetgummi auf einen Spaziergang mit. Unterwegs kneten Sie die Knete weich und formen eine Kugel, zwei runde Plättchen und eine Wurst daraus. Heimlich pappen Sie dann Kugel, Plättchen und Wurst als Augen, Nase und

Mund eines Gespenstergesichts auf einen Baumstumpf. Zeigen Sie Ihren Enkelkindern das Gespenst und sammeln das Knetgummi wieder ein. Den nächsten Baumstumpf ziert ein Krümelmonstergesicht aus Knete.

21 Der anhängliche Augustin

Aus einem aufgeblasenen, verknoteten Luftballon wird der anhängliche Augustin: Papierfetzen als Augen, Nase, Mund auf den Ballon kleben. Den Luftballon mit einem langen Faden an den Daumen binden. Und dann zum Vergnügen der Kinder mit dieser aufdringlichen Gestalt reden, streiten... Mit Augustin boxen. Mit Augustin Quatsch machen.

22 Pustedrachen

Ein Minispielzeug zum Unsinn machen. Sie verwandeln einen Strohhalm in einen Drachen: Eine Briefkarte oder ein Stück Karton in vergleichbarer Größe der Länge nach in der Mitte falten. In den Falz einen Strohhalm kleben. Den Karton über dem Strohhalm zusammenkleben. Auf Vorder- und Rückseite des Kartons einen Drachen zeichnen und das Untier am oberen (Zacken-)Rand ausschneiden. Dann den Drachen in die Hand nehmen und pusten. Das Untier macht mächtig Wind, bläst zum Beispiel einem Kind in den Nacken.

23 Kandisfeuer

Ein Spiel, das nicht zu häufig wiederholt werden sollte, denn auf Zucker herumbeißen ist nicht gerade empfehlenswert. Aber als einmaliger Spaß hat das Spielchen seinen Reiz: Sie beißen im Dunkeln bei geöffneten Lippen auf Kandis herum, und das sieht aus, als sprühten Funken aus Ihrem Mund. Klappt nicht mit jedem Kandis, muß man vorher ausprobieren.

24 Das Vampirgebiß

Aus einem Stück unbehandelter Apfelsinenschale läßt sich ein Vampirgebiß basteln: In eine Längsseite große spitze Eckzähne

schneiden und zwischen die Eckzähne eine Reihe kleiner Mausezähnchen. Das Vampirgebiß, die helle Seite nach außen, zwischen Lippe und Oberkiefer schieben und damit die Enkelkinder beißen.

25 Die Schildkröte

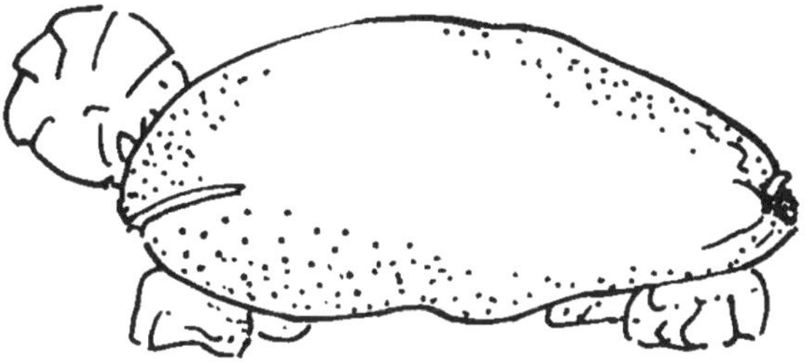

Aus einem Stück Apfelsinenschale können Sie auch eine Schildkröte fertigen. Die Schale als Panzer auf vier „Beine" — vier Kügelchen aus Papier — legen und ein fünftes Knöllchen aus Papier als Kopf mit Klebeband an der Schale befestigen.

26 Wurstjonny

Auf einem Wurstbrot kann leicht ein Gesicht erscheinen: Zwei Gewürzgurkenscheiben als Augen auf eine Scheibe Wurst legen, Gurkenschnitzel als Nase, eine halbierte Tomatenscheibe als Mund. Noch etwas Petersilie auf den Kopf. Na, wer futtert nun den Wurstjonny?

27 Friederike aus der Hosentasche

Sie zeichnen auf ein altes Taschentuch ein Punkt-Punkt-Komma-Strich-Gesicht. Das Taschentuch verwandelt sich in Friederike. Und Friederike ist überall dabei. Sie falten das Taschentuch zusammen, verstauen es in der Hosentasche und holen es ab und an hervor. Dann unterhalten Sie sich mit Friederike, wirbeln sie durch die Luft, lassen sie herumzappeln, mit den Kindern reden. Schließlich verschwindet Friederike wieder in der Hosentasche, um bei nächster Gelegenheit wieder hervorzukommen, wenn sie ausgeschlafen hat.

28 Spieglein, Spieglein an der Wand

Ein Blödelspiel zu zweit. Einer spielt den Spiegel an der Wand, der andere die Stiefmutter von Schneewittchen, die begeistert in den Spiegel schaut. Jede Regung im Gesicht macht der „Spiegel" nach. Dann werden die Rollen getauscht. Welcher Typ tritt nun vor den Spiegel?

29 Die Superfrisur

Das Frisieren und Frisiertwerden hat's vielen Kindern angetan. Dazu läßt sich auch ein Jux machen: Sie spielen den Friseur, Ihr Enkelkind mimt die Kundin. Das Besondere in diesem Friseursalon: Die Kunden schließen die Augen während der "Behandlung". Der Friseur oder die Friseuse wurschteln mit Kamm und Bürste, ohne Schere, mit Haarspangen und Gummibändern eine Mordsfrisur zurecht, eine möglichst verrückte. Dann werden die Rollen getauscht.

30 Meine Oma fährt im Hühnerstall Motorrad

Ein Uralt-Lied, das auch heute noch Enkelkinder zum Lachen bringt. Vor allem macht es vielen Kindern Spaß, sich noch weitere Strophen zusammen mit der Oma auszudenken und lauthals zu singen.

Zur Erinnerung der Text des Liedes:
Meine Oma fährt im Hühnerstall Motorrad,
Motorrad, Motorrad.
Meine Oma fährt im Hühnerstall Motorrad,
Meine Oma ist 'ne ganz patente Frau.
Meine Oma hat 'ne Brille mit Gardinen,
Gardinen, Gardinen,
Meine Oma hat 'ne Brille mit Gardinen,
Meine Oma ist 'ne ganz patente Frau.

31 Walzer auf dem Küchentisch

Ihre Hände sind zwei Tänzer, die sich auf dem Küchentisch begegnen. Sie fordern sich zum Tanze auf, drehen sich nach Musik aus dem Radio im Kreise und laden dann zwei weitere Tänzer zum Mitmachen ein: kleine Hände, die jetzt mitspielen.

32 Wasserlocken

Eine Spielerei mit Löwenzahn. Sie bringen von draußen ein paar Blütenstengel mit nach Hause. Schneiden Sie jeden Stengel an beiden Seiten zwei-, dreimal ein, legen die Röhrchen in Wasser und schauen zusammen mit den Kindern zu, wie sich im Wasser kleine und große Löckchen bilden.

33 Nashorn

Einen möglichst großen Rosendorn vorsichtig vom Rosenholz abbrechen, mit Spucke anfeuchten und auf Ihren Handrücken pappen. Die Hand zur Faust ballen. Wenn Sie nun noch einen Punkt als Auge aufmalen, ähnelt das Ganze einem Nilpferdkopf.

34 Der Rolli

Aus Seidenpapier ein etwa 30 x 30 cm großes Quadrat schneiden. Daraus einen Hut mit breitem Rand für eine Orange formen. Diesen Papierhut auf eine Orange setzen und diese auf den Tisch legen. Der Hutrand muß auf dem Tisch aufliegen. Ein Gesicht aufmalen. Wenn Sie den Rolli anstubsen und so dazu bringen, daß er quer über den Tisch wandert (eine Decke auf den Tisch würde stören), wird er eigenartig ruckhafte Bewegungen vollführen.

35 Die Apfelblüte

Um eine Wette geht's hier. Sie halten einen unversehrten Apfel am Stengel in die Höhe und sagen: "Wetten, daß ich vier Apfelblüten in der Hand halte!"
Des Rätsels Lösung: Sie schneiden den Apfel quer in vier Scheiben und mit dem Apfel das Kernhaus durch. Dadurch bildet sich in jeder Apfelscheibe eine fünfblättrige Blüte.

Die richtigen Tricks für Staune-Augen

Sie müssen kein geübter Zauberer sein, wenn Sie Ihren Enkelkindern Kunststücke zeigen möchten, daß diese wirklich in Verblüffung geraten. Hinter den meisten auf den folgenden Seiten beschriebenen Spielen stecken keine großen Geheimnisse, sondern ganz einfache physikalische Tricks, die schnell zu lernen sind — oft schon beim ersten Durchlesen.

36 Wasser kochen im Topf aus Papier

Sie nehmen ein Stück Papier, biegen die Ränder um, befestigen das Ganze mit Klebeband und füllen Wasser in diesen Topf aus Papier.
Dann halten Sie das Papier mit dem Wasser — nicht zu dicht — über eine brennende Kerze. Das Wasser beginnt nach einer Weile zu köcheln, ohne daß der Topf aus Papier verbrennt.

37 Feuerschiff im Waschbecken

Ein Spiel mit Feuer. Nicht zur Nachahmung durch Kinder empfohlen, sondern zur Vorführung durch Großeltern:
Sie füllen das Waschbecken mit Wasser, legen ein Blatt Papier als Floß aufs Wasser und darauf geknülltes Papier, das Sie anstecken. Erstaunlicherweise verbrennt das Knäuel aus Papier, ohne das Floß aus Papier anzuzünden. (s. Abb. Seite gegenüber.)

38 Fisch auf dem Trockenen

Sie schneiden aus Papier einen kleinen Fisch und legen den Fisch in einen See: einen mit Wasser gefüllten Teller. Wie kann man den Fisch fangen, ohne mit Wasser in Berührung zu kommen? Zum Beispiel auf folgende Art und Weise:
Sie geben brennendes Papier in ein Glas, stülpen das Glas auf den Teller mit Wasser neben den Fisch, und gleich darauf ist der See trocken gelegt: Das Wasser aus dem Teller hat sich im Glas angesammelt. Sie können den Fisch aus dem Teller nehmen.

39 Geheimschrift

Schreiben Sie Ihrem Enkelkind einen Brief: mit Zitronensaft auf weißes Papier. Die Schrift wird sichtbar, wenn Sie das beschriebene Papier über eine Kerze halten, aber nicht zu dicht. Weitere Säfte, die sich als Geheimtinte eignen: Zwiebelsaft und Weinessig.

40 Schatzinsel

In ein Waschbecken Wasser füllen und aufs Wasser einen Zeitungspapierfetzen als Insel legen. Auf diese Insel legen Sie dann ganz behutsam einen Groschen. Wundersamerweise geht die Papierinsel trotz des gewichtigen Schatzes nicht unter.

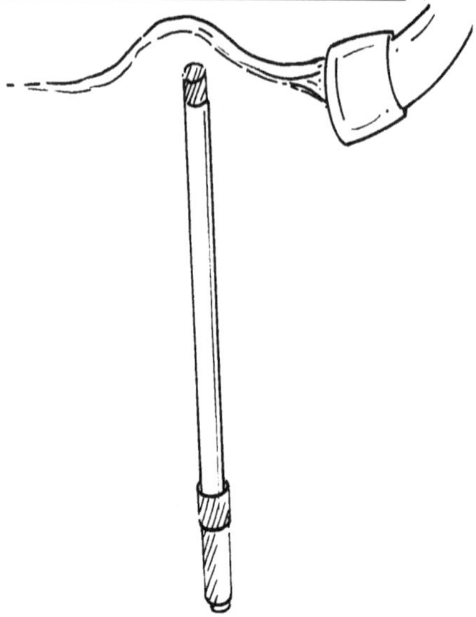

41 Hokuspokus mit dem Wasserstrahl

Aus einem Filzstift wird ein Zauberstab: Den Filzstift lange an einem Wolltuch reiben. Einen Wasserhahn aufdrehen. Nur einen dünnen Wasserstrahl laufen lassen. Den Filzstift so dicht an den Wasserstrahl halten, daß er ihn fast berührt. Der Wasserstrahl gerät ins Zittern, fließt manchmal sogar plötzlich im Bogen.

42 Wasser im umgedrehten Glas tragen

Sie füllen ein Glas randvoll mit Wasser und legen ein Blatt Papier als Deckel darauf. Es darf keine Luft in das Glas eindringen. Dann nehmen Sie das Glas in Ihre rechte Hand, legen Ihre linke Handfläche auf das Papier auf dem Glas, stürzen das Glas ganz schnell um und ziehen Ihre linke Hand vorsichtig weg. Sie können so das umgedrehte Glas durchs Zimmer tragen. Es läuft kein Wasser heraus.

43 Wassermolch jagen

Auf einen Papierfetzen malen Sie mit Filzstift und ein paar Strichen ein Fantasietier, einen Wassermolch. Der Wassermolch wird ausgeschnitten und ins Wasser gesetzt, zum Beispiel in ein mit Wasser gefülltes Waschbecken. Dann tauchen Sie ein Stück Seife ins Wasser — ganz in die Nähe des Wassertieres. Kaum kommt die Seife mit dem Wasser in Berührung, nimmt der Molch Reißaus. Er schwimmt davon. Mit Hilfe von Seife können Sie ihn kreuz und quer durchs Wasser jagen, ohne mit ihm in Berührung zu kommen.

44 Die Ballonmützen

Sie blasen einen Luftballon auf, binden ihn zu und reiben ihn an einem Wolltuch oder Wollpullover. Halten Sie den Ballon dann an Ihre Haare, bleibt er an ihrem Kopf eine ganze Weile kleben. Er bleibt aber auch an der Zimmerdecke kleben. Je trockener die Luft, desto besser gelingt das Experiment.

45 Die Knopftaucher

Aus einem Glas mit Mineralwasser wird ein Planschbecken für kleine Knöpfe. Sie geben vier oder auch mehr Knöpfe in das Glas und beobachten dann gemeinsam mit ihrem Enkelkind was geschieht: Die Knöpfe sinken auf den Grund des Glases. Dann sammeln sich an den Knöpfen Bläschen. Nach einer Weile verschaffen die Luftbläschen den Knöpfen soviel Auftrieb,daß sie wieder im Glas hochgespült werden. Es dauert nicht lange und sie sacken wieder ab. Dieses Spiel wiederholt sich.

46 Der Wassermann

Sie schälen eine kleine Kartoffel und machen einen Wassermann daraus, indem Sie Augen und Nase und Mund in die Kartoffel schneiden. Dann legen Sie den Wassermann in ein Glas

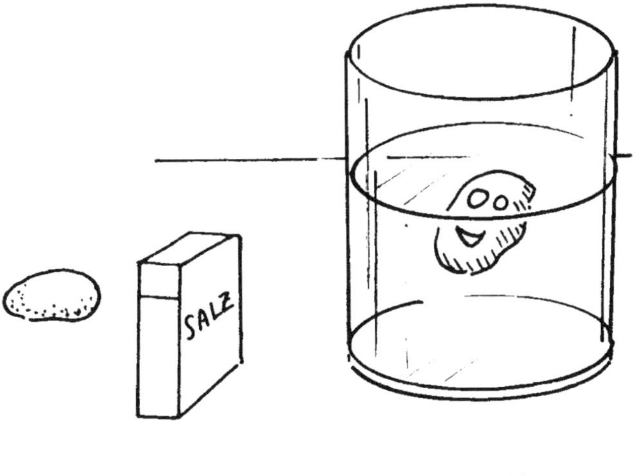

mit Wasser. Sofort geht er zu Boden, liegt wie ein Klotz im Wasser. Geben Sie nun vier oder auch mehr Teelöffel Salz — je größer die Kartoffel und je größer das Glas, umso mehr ist nötig — ins Wasser,und verrühren Sie das Salz gründlich. Siehe da: plötzlich kann der Wassermann schwimmen.

47 Gespensterlärm

Getrocknete Erbsen können einen gespenstisch schönen Höllenlärm machen. Sie füllen ein Glas bis zum Rand mit den Erbsen, stellen das Glas auf ein Backblech und füllen das Glas mit Wasser auf. Mit der Zeit saugen sich die Erbsen voll Wasser, sie quillen und quellen aus dem Glase und klackern auf das Blech.

48 Der Eierkreisel

Gekochte Eier können auf der Spitze tanzen. Sie legen das gekochte Ei auf einen umgedrehten Teller und lassen es kreiseln. Nach einer Weile stellt es sich auf die Spitze. Und dann versuchen Sie das gleiche Experiment mit einem rohen Ei vorzuführen. Ein rohes Ei läßt sich nicht mit Zeigefinger und Daumen zum Kreiseln bringen. Weil die Flüssigkeit im Ei zu schwer ist, wird es sich nie beim Kreiseln auf die Spitze stellen.

49 Die Wasserleitung

Aus drei oder vier Gläsern unterschiedlicher Höhe bauen Sie eine Treppe. Dann wird die Wasserleitung gebaut:
Sie legen ein Wollband von einem Glas ins andere. Das Band muß

in jedem Glas den Boden berühren. Dann füllen Sie das erste, höchste, Glas randvoll mit Wasser. Schauen Sie nach einer Weile nach, ist schon einiges an Wasser vom ersten ins zweite Glas gelangt. Mit der Zeit gelangt mit Hilfe der Leitung aus Wollband Wasser in alle Gläser.

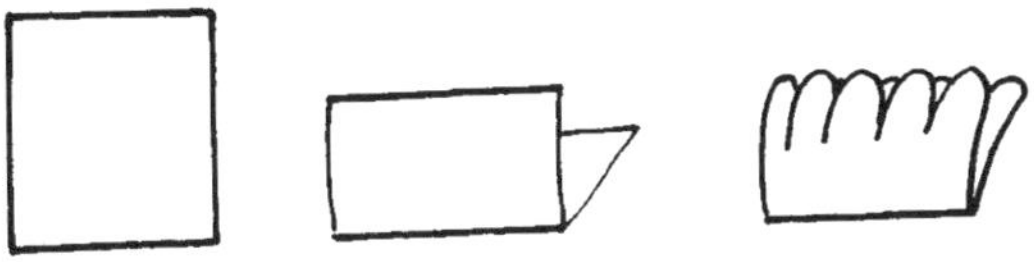

50 Teichpflanzen

Teichpflanzen aus Papier können Sie im Wasser zum Blühen bringen. Sie knicken drei, vier oder mehr Papierquadrate, 10 x 10 cm, in der Mitte. Dann schneiden Sie Blütenblätter ins Papier – jedoch nicht den Falz einschneiden – und legen die Blüten in Wasser. Es dauert nicht lange, und die Wasserblumen blühen auf.

51 Filtertütenmalerei

Langweilige Filtertüten, ob weiß oder braun, verwandeln sich in Farbspiele, wenn Sie den Tütenrand mit ungiftigen Filzstiften bemalen: Punkte, Streifen in ganz verschiedenen Farben. Stülpen Sie die bemalte Tüte über eine Tasse und stellen Sie die Tasse in einen Suppenteller mit Wasser, dann saugt sich das Filterpapier schleunigst voll Wasser, die Farben verdünnen sich, vermischen sich: neue Farben, neue Muster entstehen, wie von Geisterhand gemalt, auf dem Papier.

52 Das widerspenstige Knöllchen

Sie knüllen einen Papierfetzen und legen das Knöllchen in die Öffnung einer waagerecht gehaltenen, leeren und innen trockenen Flasche. Dann wetten Sie mit Ihrem Enkelkind, daß es ihm nicht gelingen werde, das Knöllchen in die Flasche hineinzublasen.

Das Papierknöllchen fliegt bei jedem Versuch aus der Flasche hinaus anstatt hineinzurutschen. Besser stehen die Chancen, daß das Papierkügelchen in die Flasche rutscht, wenn Sie mit einem Strohhalm auf das Knöllchen blasen — den Halm auf den unteren Rand halten.

53 Knisterfeuer

Ein Mini-Feuerwerk können Sie zaubern, wenn Sie eine Mandarinenschale so zusammendrücken, daß Saft aus der Schale in eine Kerzenflamme sprüht. Die Flamme zittert ein Momentchen und knistert.

54 Wenn Kerzenlichter springen

Sie entzünden eine Kerze und blasen sie gleich wieder aus. Sekunden später halten Sie eine zweite Kerze, die Sie angezündet haben, über den Docht der ersten, gerade erloschenen Kerze. Das Kerzenlicht springt über, die erste Kerze brennt wieder.

55 Die Heulehexe

Eine leere Flasche verwandelt sich in eine Hexe. Sie zeichnen eine Gruselhexe auf Papier, schneiden die Hexe aus und pappen sie mit Hilfe von drei, vier Röllchen aus Klebeband auf die Flasche.

Nun stecken Sie einen Strohhalm in die Flasche und stellen sie nach draußen in den Wind. Legt sich Ihr Enkelkind neben der Flasche auf die Lauer, erlebt es ein Hexengetöse: Der Wind fängt sich in der Flasche, er jault und jammert und macht ganz gräßliche Geräusche.

56 Eine klapprige Type

Hier wird aus einer leeren Flasche mit langem Flaschenhals ein Spielzeug. Sie zeichnen ein komisches Männeken auf Papier, schneiden die Figur aus und kleben sie auf die leere Flasche. Dann legen Sie die Flasche erst kalt, holen sie anschließend ins Warme, und befeuchten den Flaschenrand. Anschließend legen Sie ein Markstück auf die Flaschenöffnung und legen Ihre Hände um die Figur auf der Flasche. Auf diese Weise erwärmt sich die Luft in der Flasche, dehnt sich aus, und das Markstück auf der Flaschenöffnung beginnt zu klappern.

57 Berge versetzen

Mit Hilfe der Hülse einer Streichholzschachtel können Sie Berge versetzen. Sie zeichnen auf einen Papierfetzen einen Berg, eventuell noch ein paar Häuschen dazu. Sie legen den Papierschnipsel auf den Tisch und wetten mit Ihrem Enkelkind, daß Sie den Berg versetzen können, ohne ihn mit dem Körper zu berühren.
Der Beweis: Halten Sie die Hülse zwischen den Lippen, holen ganz tief Luft und senken die Hülse auf das Bild mit dem Berg. Das Bild wird angesaugt. Sie können den Berg versetzen!

Kapitel 3

Erzählen und mit Wörtern spielen

Kinder lieben Knobeln, Wortspiele, Rätsel und überhaupt alles Pfiffige — zum Fitbleiben „da oben". Und genauso gerne haben sie es, wenn Oma oder Opa Geschichten erzählen.

Hier können Sie es sich in der guten Stube mit Ihren Enkeln so richtig gemütlich machen. Wenn das Wetter nicht zum Rausgehen einlädt oder es gar draußen in Strömen gießt, wird's drinnen gemütlich, anregend, spannend und kniffelig — z. B. beim Rätselraten. Und wenn „Ihre" schon die „hohe Kunst" des Lesens und Schreibens beherrschen, entdecken sie auch die Reize von kniffligen Schreib- oder Zahlenspielen und sind oft ganz wild darauf, Denkaufgaben zu lösen. Auch in der Schule sind „Stadt, Land, Fluß" oder „Wörter raten" sehr beliebt.
In diesem Kapitel finden Sie in der ersten Abteilung jede Menge Spielmaterial, einfache, aber auch schwierigere Knobel- und Schreibspiele, um mithalten zu können, wenn Enkel oder Enkelin fragen: „Oma, hast Du einen Stift und Papier, wir wollen was spielen?" Und im zweiten Teil folgen dann Rätsel der verschiedensten Güteklassen.

Mit Papier und Bleistift

Für diese Spiele benötigen wir nichts weiter als Papier und Bleistift. Wenn Sie Filzschreiber und dergleichen kaufen, denken Sie daran, daß es immer noch welche gibt, deren Lösemittel die Gesundheit Ihrer Enkel und auch Ihre eigene gefährden. Fragen Sie nach lösemittelfreien und ungiftigen Mal- und Schreibutensilien.

1 Der Buchstabenkreisel

Sie zeichnen einen Kreis auf, unterteilen ihn in acht Felder (Tortenstücke) und schreiben die folgenden acht Buchstaben in die Felder: A E I O U Ä Ö Ü. Ihr Enkelkind schließt nun die Augen, tippelt mit dem Zeigefinger im Buchstabenkreis herum und stoppt plötzlich. Öffnet die Augen. Bei welchem Buchstaben ist der

Finger zum Halten gekommen? Ist es zum Beispiel das Ä, schreiben alle Mitspieler so schnell wie möglich alle Wörter auf, die ein Ä beinhalten und die ihnen auf die Schnelle einfallen. Nach ein oder zwei Minuten ist Schluß. Wer hat die meisten Wörter ?

2 Wenn die Gedanken Karussell fahren

Diesmal schließt Ihr Enkel die Augen und tippt mit der Fingerspitze auf ein Wort in der Zeitung, öffnet die Augen und schreibt das Wort auf. Zum Beispiel: Reifen. Steht das Wort auf dem Papier, schreibt wieder jeder ganz schnell Wörter auf, die ihm zu dem Wort Reifen einfallen: Straße, Schneematsch, Fahrgeräusch, schwarz, ... Anschließend werden die Wörterlisten vorgelesen.

3 Die Wörterschlange

Sie geben oben auf einem Zettel den Kopf einer Wörterschlange vor: Ein Wort, aus dem sich schnell ein Doppelwort machen läßt, etwa „Garten". Nun geben Sie den Zettel an ihr Enkelkind weiter. Dieses hängt ein zweites Wort an: „Garten-Haus" und gibt den Zettel an Sie zurück. Sie suchen nun ein Anhängsel für „Haus", schreiben vielleicht „Haus-Tür" auf. So geht der Zettel eine Weile hin und her. Die Wörterschlange wird länger und länger. Wo endet sie?

4 ABC-Gemurmel

Das Spiel beginnt damit, daß Sie erst leise das ABC vor sich hinsagen und dann laut den Buchstaben nennen, der erreicht ist, wenn Ihr Enkelkind plötzlich „stop" ruft. Zum Beispiel sagen Sie den Buchstaben „K". Daraufhin schreibt jeder so schnell wie möglich zwanzig Wörter mit dem Anfangsbuchstaben „K" auf. Wer zuerst damit fertig ist, ruft wieder „stop", darf sich einen Pluspunkt gutschreiben und erneut das ABC leise aufsagen, usw. Das Spiel endet nach zehn Spielrunden. Gewinner ist, wer dann die meisten Pluspunkte gesammelt hat.

5 Mit Gegensätzen spielen

Dies ist ein Spiel für zwei oder mehrere. Jeder schreibt zehn Adjektive auf ein Blatt Papier: klein, dick, gerade, schön,.... Dann gibt er das Papier an einen Mitspieler weiter, der die gegensätzlichen Wörter dazuschreibt: groß, dünn, ungerade, häßlich... .

6 Kästchenspiel

Zu Anfang wird auf Papier ein Viereck mit 10 mal 11 Kästchen gezeichnet. Jeder von Ihnen bekommt ein Blatt. Nun denken sich beide zehn Wörter aus mit jeweils elf Buchstaben, z.B. „Tortenboden" oder „Schuhbänder". Schreiben Sie diese Wörter nicht vollständig in die zehn Kästchen, sondern nur teilweise. Von jedem Wort etwa fünf Buchstaben preisgeben. Ihr Enkelkind bekommt Ihr Blatt und Sie von ihm sein Blatt, das inzwischen ebenfalls mit Kästchen und halben Wörtern darin versehen ist. Nun heißt es ausfüllen!

7 Ein Lied hat sich versteckt

Ein Spiel für zwei. Sie verstecken die erste Zeile eines bekannten Gedichtes oder Liedes in ein paar Sätzen, die sie aufschreiben. Das erste Wort des Liedes ist zum Beispiel das erste Wort des ersten Satzes, den sie aufschreiben, das zweite Wort des Liedes das zweite Wort des zweiten Satzes, den Sie aufschreiben, usw.
Dunkel lag der See vor dem Wanderer im Tale.
Kalt *war's* draußen und einsam.
Fröstelnd stand *der* Wanderer am Waldrand.
Die Sterne und der *Mond* am Himmel gaben ihm Licht.
Stille, Ruhe überall — nichts *schien* sich zu rühren im Wald.
Weit entfernt leuchtete ein Haus *helle*.
Des Rätsels Lösung: versteckt wurde „Dunkel war's, der Mond schien helle." Knobeln Sie selbst ein paar solcher kleiner Geschichten aus, dann hat Ihr Enkelkind reichlich damit zu tun, die versteckte Gedicht- oder Liedzeile aufzuspüren.

8 Wörter-Suchspiel

Wer mitmacht, hat Zettel und Bleistift vor sich liegen. Sie beginnen mit dem Spiel, geben einen Blumennamen vor, zum Beispiel „Gänseblümchen".

Jetzt gilt es, so schnell wie möglich aus den Buchstaben des Wortes „Gänseblümchen" neue Wörter zu bilden: Garten, Äpfel Nüsse, Besen, See, usw. Gewonnen hat, wer nach fünf Minuten die meisten Wörter gefunden hat. Sie können statt aus Blumennamen auch aus Tier-, Städte- oder Ländernamen neue Wörter formen.

9 Für Rückwärtsleser

Jeder Mitspieler schreibt auf einen Zettel fünf Tiernamen, aber nicht in der üblichen Schreibweise, sondern von rechts nach links gelesen statt von links nach rechts. Die Zettel werden ausgetauscht. Wer die Tiernamen am schnellsten in der richtigen Reihenfolge notiert hat, ist Gewinner.

10 Spiegelschrift

Sie schneiden aus einer Zeitung einen Satz aus und versuchen zusammen mit Ihrem Enkelkind, diesen Satz in Spiegelschrift zu schreiben. Dazu schauen Sie beim Schreiben in einen Handspiegel. Das ist alles andere als einfach. Wer schafft's trotzdem?

11 Reimefabrik

Auf einen Zettel werden vier Wörter geschrieben, die sich reimen.
Zum Beispiel: Hahn, Bahn, Kahn, Zahn
und Sohn, Mohn, Lohn, schon.

Die Zettel werden nun unter den Mitspielern ausgetauscht, und jeder soll versuchen, aus den vorgegebenen Reimen einen Vers zu schmieden. Dabei gibt's sicher viel zu lachen.

12 Spiel mit Löchern

Sie schreiben ein paar Sätze, vielleicht sogar eine kleine Geschichte auf und lassen dabei ein paar Wörter aus:

„Auf der alten Eiche hinter dem .... wohnt ein alter .... Am Tage sieht man ihn nie, aber ...... kommt er aus seinem Versteck und geht auf Mäuse..... Wenn er von der Jagd zurückkommt zur alten ....., dämmert schon der ....
Nun geben Sie die Geschichte an Ihr Enkelkind weiter mit dem Auftrag, die Lücken zu füllen. Welche Geschichte werden Sie wohl wieder in Empfang nehmen können?

13 Der Wörterturm

Sie zeichnen einen Turm auf Papier. Der Turm hat fünfzehn Etagen. Die erste Etage besteht aus sechzehn Kästchen, die zweite aus fünfzehn, die dritte aus vierzehn, usw. Die letzte, die Turmspitze, setzt sich schließlich nur noch aus zwei Kästchen zusammen. Jeder Mitspieler zeichnet ebenfalls einen Kästchenturm aus sechzehn Etagen. Dann wird mit den Türmen gespielt:
Jeder schreibt in die erste Etage ein Wort, bestehend aus sechzehn Buchstaben, in die zweite ein Wort aus fünfzehn Buchstaben, usw. In die Turmspitze schließlich ein Wort mit zwei Buchstaben. Wer seinen Turm zuerst ausgefüllt hat, ist auch Gewinner/Gewinnerin des Spiels.

14 Geheimschrift

Ein geheimnisvolles Spiel um geheimnisvolle Zeichen. Ein Spiel, das sicherlich auch Kinder interessiert, die sonst wenig mit dem Schreiben am Hut haben. Sie zeigen ihrem Enkelkind eine Schrift, die aus Ziffern besteht. Vielleicht will es lernen, sie zu entziffern und selbst Texte zu verschlüsseln.
Jede Ziffer steht für einen anderen Buchstaben des Alphabetes:
1 für A, 2 für B, 3 für C, usw.
Ein Beispiel für einen verschlüsselten Text, den Sie gleich an ein Kind weitergeben können:
4 21 2 9 19 20 5 9 14 11 12 21 7 5 19 11 9 14 4
4 21 8 1 19 20 7 12 5 9 3 8 11 1 16 9 5 18 20
23 15 18 21 13 5 19 8 9 5 18 7 5 8 20 21 14 4
11 1 14 14 19 20 4 9 5 7 5 8 5 9 13 19 3 8 18 9 6 20
2 5 18 5 9 20 19 7 21 20 12 5 19 5 14

(Die Lösung heißt: Du bist ein kluges Kind, du hast gleich kapiert, worum es hier geht und kannst die Geheimschrift bereits gut lesen.)

15 Der Wörterkreis

Sie denken sich zusammen mit ihrem Enkelkind eine lange Doppelwörter-Schlange aus. Das letzte Wort in der Schlange soll wieder den Anschluß an das erste Wort in der Reihe finden. Aus der Schlange wird dann ein Kreis.
So könnte es aussehen: Schloß-Garten Garten-Tür Tür-Schloß.
Oder: Rock-Zipfel Zipfel-Mützen Mützen-Muster Muster-Koffer Koffer-Schlüssel Schlüssel-Bund Bund-Hosen Hosen-Falten Falten-Rock. Das Spiel können Sie auch um die Wette spielen: Wer findet in kürzester Zeit die meisten Doppelwörter und bildet daraus den größten Wörterkreis?

Rätsel für Große und Kleine

Rätselraten — das macht manchmal einen Wahnsinns-Spaß. Und wenn keiner auf des Rätsels Lösung kommt, wird eben nachgeschaut. Schließlich können Sie ja auch nicht alles wissen.

Auf den nächsten Seiten gibt's also jede Menge Rätsel, manche kinderleicht, manche ganz schön knifflig. Die Lösungen zu den Rätseln finden Sie im Anhang.

Und die Fortsetzung ist: selber Rätsel ausdenken.

16 Über ganz verschiedene Zeiten

1. Sie vergeht wie im Fluge und bleibt partout nicht stehen.
2. Daß die Stunden vergehen, sehe ich, wenn ich sie anschaue.
3. Kaum da, ist er schon wieder auf und davon.
4. Einer reiht sich an den anderen, jeder hat die gleiche Länge, aber keiner gleicht dem anderen.
5. Den meisten kommt er viel zu früh — den Hühnern kann er allerdings nicht früh genug kommen.
6. Wenn er naht, beginnen viele zu gähnen. Andere dagegen leben dann erst richtig auf.
7. Die beiden verbringen Jahr für Jahr miteinander, trennen sich nie und teilen sich das, was sie haben.
8. Wenn vier davon zusammenkommen, dann ist ein Monat vorbei.
9. Wenn der letzte gegangen ist, wird ein großes Fest gefeiert, und dann kommt der erste schon wieder.
10. Seit Urzeiten werden sie gezählt, und nie hört das Zählen auf.
11. Gestern gab's mich nicht, und morgen wird's mich nicht mehr geben.
12. Wer mich anschaut, sieht, wie weit wir sind. Ich habe mich noch nie verzählt.
13. Wenn ich angekündigt werde, heitern sich die Mienen auf.
14. Bin ich da, zeige ich meine ganze Kraft, dann bin ich vielen lästig. Aber wehe, wenn ich gehe..

15. Man sieht mich gern an, weil ich so hübsch bin. Gleichzeitig fürchten mich viele, weil ich sie traurig mache.
16. Tauche ich auf, verkriechen sich die meisten in die Häuser, gleich hinter den Ofen.

17 Von Himmel und Erde, von Wind und Wetter

1. Wenn es ist, dann siehst du nichts.
2. Tag und Nacht ist es über mir und verändert sich laufend.
3. Sie ist hell und warm. Wenn Kinder sie malen, lächelt sie meistens.
4. Sie weiden hoch oben und ziehen über uns hinweg.
5. Ein Kalb soll dort leben und ein Mann. Aber die, die schon dort waren, haben niemanden getroffen.
6. Sie macht sich tagsüber breit. Hat viel mehr Kraft als er. Er ist bei uns häufiger nachts zu sehen.
7. Sie blitzen und glitzern hoch oben, und keiner kann sie zählen.
8. Meist kommt er bei uns von Westen. Er hat weder Beine noch Füße und geht doch.
9. Das Meer regt sich auf, wenn er zu Besuch kommt.
10. Wie Watte ist er, und vielen ist er unheimlich.
11. Erst kommt er von unten nach oben, dann von oben nach unten.
12. Er ist nur selten zu sehen, aber alle sehen ihn gerne, weil er Farbe ins Grau bringt.
13. Er ist plötzlich da und erschreckt die Leute. Und er hat einen dabei, der ein Mordsgetöse macht.
14. Man kann sie mit der Zunge auffangen, aber gleich darauf ist sie verschwunden.
15. Manchmal groß wie ein Hühnerei, manchmal klein wie eine Erbse, kommt es plötzlich von oben.
16. Manchmal riechst du mich, manchmal fühlst du mich, ich bin immer bei dir, aber du siehst mich nicht.
17. Du streichelst mich, du wärmst mich; wenn du da bist, sieht alles viel freundlicher aus.
18. Im Winter kommst du früher als im Sommer und kündigst das Ende des Tages an.

18 Feld-, Wald- und Wiesenrätsel

1. Sie wohnt im Wald, hat für Blätter nichts übrig und ist trotzdem grün von Kopf bis Fuß.
2. Er macht auf sich aufmerksam, denn er schreit seinen Namen lauthals in die Gegend. Übrigens ist er bei Adoptiveltern aufgewachsen.
3. Er trägt eine Krone und steht auf einem Bein.
4. Er hämmert mit Fleiß. Das hört man schon von weitem.
5. Er steht nie still. Immerzu und ohne Ende fällt er herab, mal schneller, mal langsamer, aber er hört nie auf damit.
6. Manche von ihnen sollte man meiden, die anderen schmecken sehr gut. Wie aufgespannte Sonnenschirme stehen sie im Wald.
7. Sie brennt ohne Feuer.
8. Anfangs steht er knallgelb auf der Wiese und sieht viel harmloser aus als sein Name klingt.
9. Eine rauhe Schale, ein guter Kern und ein Name, der aus drei Buchstaben besteht.
10. Trägt immer und ewig zwei Löffel mit sich herum.
11. Seine großen Kulleraugen scheinen alles zu sehen, auch noch im Dunkeln. Denn er ist nur nachts unterwegs.
12. „Scheu wie ein ...", sagt man, wenn von ihm die Rede ist.
13. Sie ist ein Künstler, fabriziert feinstes Gewebe, feinste Muster.
14. Es schützt vor Wind, es schützt vor Kälte, darin kann man in aller Ruhe warten, bis die Eltern mit dem Futter kommen.
15. Schnell vorwärts kommt sie wirklich nicht. Kein Wunder, denn sie trägt einiges mit sich herum.
16. Erst häßlich wie die Nacht, dann schön wie der Tag, schwirrt er über die Sommerwiese.
17. Manchmal meint man, er sitze im Hals, doch er sitzt am liebsten in einer feuchten Wiese.
18. Was er kriegen kann, packt er in seine Taschen, die er im Mund hat. Er hält eine Menge von Vorratswirtschaft.

Tische und Bänke.

20. Ohne Beine, ohne Füße kommt sie bestens vorwärts — lang und schmal wie sie ist.
21. Bei seiner Wohnung ist er ganz eigen. Er ist ein seltsamer Vogel. Und ein seltener dazu. In früheren Zeiten spazierte er häufig über die Wiesen. Haute hat er sich rar gemacht.
22. Erstaunlich schnell kann es auf seinen kurzen Beinen wetzen, trotz seines Gewichts. Und es sieht wesentlich wüster und bei weitem gefährlicher aus als sein Vetter, der harmlose Hausgenosse.
23. Ein bißchen unheimlich sieht sie aus, wie sie da auf dem Zaunpfahl hockt — schwarz und düster.
24. Sie kann einem auf die Nerven gehen, weil sie einen ewig an der Nase kitzelt oder an den Beinen entlangläuft.
25. Wer sie anschaut, hört es in Gedanken läuten.
26. Sie ist wunderschön in ihrem schwarzen Gewand und dem hellgrünen Oberteil.
27. Sie ist sehr fleißig, besonders im Sommer ist sie immer unterwegs, um etwas zu sammeln. Was Sie daraus macht, schmeckt nicht nur ihren Artgenossen gut, sondern auch anderen. 28. Sie läßt die Schultern hängen und sieht so traurig aus. Ihr Name drückt es aus.
29. Tag und Nacht gurgelt und murmelt er in seinem Bett vor sich hin.
30. Nur im Sommer läßt sie sich mit ihren langen Haaren auf den Feldern sehen.
31. Sie hat Flügel, aber keine Federn. Lautlos huscht sie durch die Nacht.

19 Rätsel von Haus und Hof und Garten

1. Er hat seinen Kamm immer dabei.
2. Gartenbesitzer ärgern sich häufig über das blinde schwarze Untier.
3. Er kriecht und krümmt sich. Daß er hübsch sei, hat noch niemand gesagt. Aber für den Boden ist er sehr nützlich.
4. Wie Strahlen stehen ihre Blütenblätter um sie herum.

5. Das, was sie uns gibt, ist weiß und sehr gesund.
6. Er hört, was wir noch lange nicht hören. Und seine Nase ist auch besser als unsere. Und wenn er einen Freund hat, bleibt er ihm stets treu.
7. Sie ist die Königin unter den Blumen. Rosa oder rot, weiß oder gelb steht sie im Garten, zart und duftend.
8. Er liegt im Garten und hat einen Teekessel, der nicht schnell genug vorwärts kommen kann.
9. Manche hören es wachsen, manche legen sich gerne hinein. Wieder andere schneiden es alle paar Tage oder Wochen ab.
10. Sie steht immer auf einem Fleck, und ab und an hat sie einiges an Gewicht zu tragen.
11. Wer darin wohnt, kann nicht heraus, ohne es zu zerstören.
12. Er hat das Herz im Kopf, und außer dem Kopf hat er nichts.
13. Zwei Teekessel: Zum ersten läuft er auf zwei Beinen als stolzes Reittier umher. Zum zweiten macht er sich auf Lebensmitteln breit, wenn von frisch keine Rede mehr ist.
14. Er zeigt dir, wer du bist.
15. Nur durch sie kommst du hinein, und nur durch sie kommst du auch wieder heraus.
16. Dir ist es recht, wenn es im Sommer geöffnet und im Winter geschlossen ist.
17. Sie bringt dich hinauf und auch wieder hinab.
18. Sitzt du drauf, hast du ein Podest unter dir. Sitzt du drunter, hast du ein Dach über dir.
19. Es ist eine Falle, in der man gerne liegt.
20. Wenn der Kopf Ruhe braucht, ist es gut zu gebrauchen.
21. Er pfeift laut, wenn ihm heiß ist.
22. Sie macht sich im Wohnzimmer breit und lädt alle ein, sich's gemütlich zu machen.
23. Wenn es dunkel ist, ist sie hell.
24. Er hat vier Beine, die er nur zum Stehen und nicht zum Gehen braucht.
25. Wer sich darunter verkriecht, sieht und hört nichts. Man kann auch zusammen darunter stecken.
26. Er steht in der Ecke, während sein Teekessel im Stall und auf

26. Er steht in der Ecke, während sein Teekessel im Stall und auf dem Feld arbeitet.
27. Es hat Blätter und ist doch kein Baum. Es hat einen Rücken und ist doch kein lebendiges Wesen.
28. Im Sommer macht er Urlaub. Im Winter hat er von morgens bis abends zu tun.
29. Er wohnt ganz unten, führt ein Schattendasein. Keiner besucht ihn besonders gerne, außer die Mäuse.
30. Ihre Beine sind so lang wie meine. Sie hat im ganzen meine Figur.
31. Alle trampeln auf ihm herum. Kein Wunder, daß er flach liegt.
32. Sie hat den Dreh 'raus, wie man den Dreck da wegschafft, den andere von draußen reinbringen.
33. Eine weiße Wand bekommt durch sie Farbe.
34. Sie sind rund, stehen oft im Kreis, aber drehen sich nicht.

Mit Reimen spielen und mit Versen

Mit Wörtern spielen wie mit Jonglierbällen. Aus Wörtern Sätze bauen. Die Sätze umbauen. Reime suchen. Reime finden. Verse zusammenbasteln und mit den Fingern abzählen, ob der Rhythmus stimmt. Das Ganze als entspannendes Spiel gestalten, das auch Spaß macht, heißt hier die Devise. Auf den folgenden Seiten finden Sie Buchstabengeschichten zum Vorlesen, Blödelverse und unvollständige Gedichte zum Selberdichten. Lassen Sie sich dazu anregen, zusammen mit Ihren Enkelkindern ähnliche Geschichten zu erfinden, Verse zu „schmieden" und mit Reimen zu spielen.

20 Das Lied von den Höhlen

Füchse, die aus Höhlen krabbeln,
lauter Babbelverse schwabbeln.
Mäuse, die in Höhlen hocken,
und nach Discomusi rocken.
Hamster, die in Höhlen hausen,
durch die Höhlengänge sausen.
Wer mag weiter Verse ausdenken und das Ganze nach der Melodie von „Grün, grün, grün, sind alle meine Kleider" singen?

21 Das Lied vom Kitzelritzel

Kitzelkitzelkitzel,
Ritzelritzelritzel —
einen feuchten Gruß
kleb' ich auf deinen Fuß.
Ein Unsinn-Vers zu singen nach einer Blödel-Melodie. Bestens geeignet, um kleine knörige Enkelkinder bei Laune zu halten.

22 Das Fledermauslied

Eine schwarze Fledermaus,
die trifft im Sommerhaus
eine kleine Gartenmaus.
Diese kleine Gartenmaus,

die nimmt sofort Reißaus
vor der schwarzen Fledermaus.

Nach welcher Melodie ließe sich dieser Vers singen? Das Spiel heißt: eine passende Melodie finden oder sich zusammen eine Melodie ausdenken.

23 Das Frauen-Alphabet

Adelheid und Barbara,
Cordula und Dorothee
sitzen im Café am See,
trinken Milch und schwarzen Tee.
Elli und Felicitas,
Gustel und Hannelore,
die singen laut im Chore
oben auf der Empore.
Iris und Jolandia,
Karola und Linette,
die hüpfen auf dem Bette
und tanzen Menuette.
Marieluis und Nina,
Olanda und Pauline,
mit sehr fröhlicher Miene
spielen sie Violine.
Victoria und Wally,
Xenia, Yell und Zelda
fahren rundherum und schnell
auf dem Karussell da.

24 Das Männer-Alphabet

Alfred angelt Aale.
Burschi bügelt Bermudas.
Christof charakterisiert Charly Chaplin.
Donald dichtet Dramen.
Erich erforscht Eidechsen.
Franzi füttert Forellen
Gustav glättet Glanzpapier.

Heinrich häkelt Handschuhe.
Iwan ißt Igelfische.
Johnny jagt Jaguare.
Kurt klaut Kameras.
Ludwig lackiert Ladentische
Moritz moderiert Modesendungen.
Nicolaus nascht Negerküsse.
Ottokar organisiert Orgelkonzerte.
Peter poliert Pokale.
Quririn quast Quarkspeise.
Robert referiert Rechtschreibregeln.
Sigbert säubert Schaufenster.
Toni tanzt Tango.
Uwe umsäumt Umhänge.
Victor verkauft Vasen.
Wilfried wäscht Wagen.
Xaver, Yorck und Zarathustra zählen Zehnpfennigstücke.

25 Ein Hund geht in die Küche...

Karoline Pimpernelle
will bereiten auf die .... (Schnelle)
einen tollen Toast Hawai
mit Schinken, Ananas und.. (Ei)
1 — A — Supergerüche
dringen aus der kleinen..... (Küche)
Gierig schnüffelt Hundchen Paul:
„Hätte ich bloß den Toast im .... " (Maul)
Paul fackelt jetzt nicht lange,
dieses Hundchen ist nicht ..... (bange)
Paule holt sich von dem Tisch
den Toast Hawai ganz warm und ...... (frisch)

26 Ein Gakel und ein Kakel

Der Gakel und der Kakel
treffen sich bei Mondenschein,
wollen mal alleine .... (sein)

Und der Gakel quatscht,
Und der Kakel .... , (klatscht)
Und der Gakel tratscht,
Und der Kakel ...., (ratscht)
Der Gakel und der Kakel,
die reden ohne Pause,
dann gehen sie nach ..... (Hause)

27 Der Suppenkloß

Ein Suppenkloß
liegt makellos,
ganz regungslos
im Teller groß.
Dann hüpft er los,
sehr burschikos,
der Suppenkloß.
Auf den Schoß
von Mary Ros
springt unser Kloß.
Was hat er bloß,
der Suppenkloß?
Er reißt sich los,
springt von dem Schoß
ganz atemlos
mit Mordsgetos
auf meine Hos'.
Sehr dubios,
der Suppenkloß.

28 Glückspilz im Pech

Als Bodo Chamberlin Donnerstag echt fünf Goldrichtige hatte im Januarlotto, kam leider mit nem ordentlichen Packen qualvoller Rechnungen Siggi Tödenhoffer und verpufft war (der) Zaster.

29 Das Schimpfwörter-ABC

Aufgeblasener Affenheini,
Bärbeißiger Bollerkopp,
Chaotischer Cäsarverschnitt,
Dammeliges Doldengewächs,
Eingebildete Eiderdaunengans,
Fitzliges Flämmchen,
Grantiger Gackel,
Hickhackige Haubenlerche,
Irrwitziger Igelkaktus,
Jadegrüner Jokusfritze,
Klapperiges Kaffeekännchen,
Luftigleichtes Laberkläuschen,
Moppeliges Mausemäuschen,
Nimmermüdes Nußkipferl,
Oberschlauer Omnibusscheinwerfer,
Pappiger Paradiesapfel,
Quarkiger Quasselotto,
Rockige Ri-Ra-Rascheltante,
Salziges Suppenhühnchen,
Toffelige Tusnelda,
Ulkiger Urwaldtänzer,
Verschlafenes Veilchen,
Wahnwitziger Wackerstein,
Xanthippiger Xerxes,
Yippie-Hippie-Yucca,
Zappeliger Zappzerapp.

30 Die Y-Geschichte

Yo-Yo ist ein Yeti. Er ist etwa 10 Yards hoch und ein richtiger Yankee. Yo-Yo lebt als Yippie auf einer Yacht, die auf einem Fluß im Yellowstone-Park ankert. Yo-Yo ernährt sich nur von Yoghurt. Und ist der einzige Yeti auf der Welt, der täglich Yoga macht.

31 Das Sonntags-ABC

Alle Sonntag aus dem Stand
Bombenstimmung hier am Strand.
Clown, Artist, Komödiant
Dalbern mächtig überspannt.
Ein ganz toller Musikant
Fidelt einfach so im Sand.
Groß und prächtig, ein Gigant
Haupt erhoben imposant
Immens kühn und sehr markant —
Jojo Super-Elefant
kommt dahinten angerannt.
Lachend und mordselegant
Messer in der rechten Hand
Nicki wirft es an die Wand.
Olga steht ganz still gebannt.
Putzmunter und entspannt
quicklebendig, ganz rasant,
rassig, äußerst elegant
sanft und leise und charmant
tritt nun Olga von der Wand.
Und schon jubelt ein Passant:
Virtuos. Ganz fulminant.
Wirklich sehr extravagant.
X-Y sehn am Strand
Zirkuskunststücke im Sand.

32 Blödel-Alphabet

Acht bärenstarke, champagnerfarbene Dromedar-Damen essen fröhlich Gänsebraten, Hasenpastete in Johannisbeergelee. Kommt lautstark Miranda Nilpferd. Ordert Pastete. Quasselt Riesengeschichten. Selten tolpatschiges Untier. Verärgert wieder X, Y, Zett.

Geschichten erzählen, Geschichten vorlesen

Wenn sich die Großeltern Zeit nehmen, Geschichten vorzulesen oder besser noch zu erzählen und das auch noch mit Freude tun, dann sind wohl die meisten Enkelkinder begeistert. Das ist viel besser als zusammen fernsehen oder Musik hören.

Die Stimme von Oma oder Opa ist ihnen vertraut. Jede Nuance dieser Stimme hat ihre ganz bestimmte Bedeutung für sie. Wenn die Geschichte spannend wird, zittert die Stimme vom Opa zum Beispiel auf unvergleichliche Weise. Und niemand kann geheimnisvoller als die Großmutter flüstern, wenn's in einem Märchen gruselig wird.

Wenn die Großeltern erzählen oder vorlesen, dann geht es um viel mehr als nur den Inhalt der Geschichte: um Zärtlichkeit, die mitschwingt und um das Gefühl von Geborgenheit, das dabei aufkommt.

33 Die Tellergeschichte

Eine Spielerei beim Mittagessen: Zum Nachtisch gibt's eine Geschichte — von Großmutter oder Großvater erzählt. Nicht irgendeine Geschichte, sondern zu einem bestimmten Thema. Und das Thema der Geschichte bestimmt das Enkelkind: Unter seinem Teller ist ein Zettel mit drei Themenvorschlägen versteckt. Es darf sich einen Vorschlag aussuchen. Falls mehrere Kinder am Tisch sitzen, werden mehrere Zettel unter den Kindertellern versteckt. Auf jedem Zettel sind die gleichen Themen vermerkt. Jeder darf einen Vorschlag ankreuzen. Die Zettel werden eingesammelt, und Sie erzählen eine Geschichte zu dem Titel, der die meisten Stimmen erhielt.

Die Vorbereitungen sind für die meisten Kinder das Spannende an diesem Spiel — interessanter noch als die Geschichte, die ihnen erzählt wird.

34 Wenn Leo Abenteuer erlebt

Diese Geschichte fängt mit einem Geschenk an — zum Beispiel mit einem Geschenk namens Leo. Einem Geschenk von Ihnen an

Ihr Enkelkind. Leo könnte ein Stofftier sein. Kein ganz gewöhnliches Stofftier, sondern die Hauptperson in Leo-Geschichten, die Sie Ihrem Enkelkind erzählen. Abends vorm Einschlafen z.B.

35 Die Märchen-Oma

Ein Blödelspiel: Sie tun so, als erzählten Sie das Märchen Schneewittchen. Beim Erzählen fügen Sie aber Elemente anderer Märchen ein — zum Beispiel Teilstücke aus Hänsel und Gretel und Rotkäppchen. Erkennt Ihr Enkelkind den Bluff ?

36 Das Gute-Nacht-Märchen

Ein Spiel, das sich über sieben Abende hinzieht: Sie schreiben auf sieben Zettelchen die Titel von sieben Märchen, rollen jeden Zettel auf, binden ein Bändchen um jede Rolle und hängen die sieben Rollen an eine Schnur.

Ihr Enkelkind kann dann eine Woche lang jeden Abend eine andere Rolle von der Schnur abschneiden, das Papier aufrollen und sich von Ihnen wünschen, daß Sie das Märchen vorlesen oder erzählen, dessen Titel auf dem Zettel vermerkt ist.

37 Bilderbuchgeschichten

Sie schauen sich mit Ihrem Enkelkind ein Bilderbuch an und denken sich zusammen aus, wie sich die Geschichte fortsetzen ließe. Oder Sie picken sich einzelne Gestalten oder auch Gegenstände aus den Bildern im Buch heraus und erzählen dazu neue Geschichten.

38 Zeitungsgeschichten

Ein Spiel, das vor allem Kindern gefällt, die noch nicht selbst lesen können. Sie schauen zusammen in die Zeitung oder in eine Zeitschrift, studieren zusammen die Bilder, die Sie beim Durchblättern finden (die Bildtexte nicht lesen), denken sich abwechselnd Geschichten zu den Bildern aus und vergleichen anschließend die ausgedachten Geschichten mit den in der Zeitung oder Zeitschrift beschriebenen

39 Wenn ein Finger spazierengeht

Sie schlagen eine Zeitung auf — am besten die Seite mit den Nachrichten aus aller Welt. Ihr Enkelkind oder Sie tippeln blindlings mit dem Zeigefinger über die Artikel und einer ruft irgendwann „stop". Dann lesen Sie den Artikel vor, auf dem der Finger Halt gemacht hat und erklären ihn. Vielleicht ergibt sich daraus ein Gespräch über den Inhalt des Berichtes.

40 Ausflug in die Stadtbibliothek

In der Stadtbibliothek bieten sich Möglichkeiten, Spiel und Lernen miteinander zu verbinden: Sie stellen sich zusammen vor ein Regal mit Kinderbüchern, Ihr Enkelkind tippt blindlings auf einen Buchrücken, Sie nehmen das Buch aus dem Regal und lesen den Klappentext vor. Dann ist das nächste Exemplar an der Reihe. Hinterher könnten Sie Ihrem Enkelkind Fragen stellen zu den jeweiligen Büchern.

41 Lexikon-Lotto

Sie schlagen ein Lexikon auf, schließen die Augen, wandern mit Ihrem Zeigerfinger im Zickzackkurs über die Seite, bis Ihr Enkelkind „halt" ruft. Sie stoppen und lesen den entsprechenden Absatz vor.

42 Vom Krokodil und dem Eskimo

Aus dem Stegreif Geschichten erzählen? „Das kann ich nicht", sagen viele Eltern und Großeltern, wenn die Rede aufs Erzählen kommt. Es ist gar nicht so schwierig. Hier ein Spiel, mit dem es sich ausprobieren läßt: Ihr Enkelkind gibt Ihnen ein Stichwort vor, zum Beispiel Krokodil oder Eskimo, und Sie erzählen einfach drauflos. Meistens entwickelt sich daraus eine ganz schöne Geschichte.

Mit älteren Kindern läßt sich auch wieder ein Wechselspiel daraus machen. Erst denken Sie sich auf ein Stichwort hin eine Geschichte aus, dann sind Ihr Enkel oder Ihre Enkelin an der Reihe.

43 Jeden Abend eine Fortsetzung

Sie erfinden zusammen mit Ihrem Enkelkind eine Figur, die die Hauptrolle in Geschichten spielt, die Sie erzählen. Zum Beispiel ein Mädchen, das auf einer Farm im Wilden Westen lebt oder ein kleiner Junge, der auf einem Piratenschiff lebt und um die Welt segelt. Und dieses Fantasie-Kind erlebt in Ihren Geschichten immer neue Abenteuer. Entweder geben Sie die Themen vor für neue Abenteuergeschichten, und Ihr Enkelkind denkt sich die passenden Geschichten dazu aus oder umgekehrt. Mit der Zeit gewinnt die Fantasiegestalt immer deutlichere Konturen, wird immer lebendiger.

44 Von früher erzählen

Das bei den meisten Kindern beliebteste Großeltern-Spiel heißt: „Erzähl mal, wie es damals war!". Und das Damals umfaßt einen ewig langen Zeitraum aus der Sicht eines Kindes: Wie es war, als der Opa noch ein Kind war? Wie es war, als die Oma noch zur Schule ging? Wie es war, als der Opa die Oma kennenlernte? Aus allen Epochen gibt es nicht nur die privaten Geschichten und Geschichtchen zu berichten, sondern auch eine Menge Zeitgeschichtliches.

45 Raten, wie die Sache zu Ende geht

Sie lesen eine Geschichte vor. Kurz vor Schluß hören Sie jedoch auf. Nun erzählt Ihr Enkelkind, wie es sich den Schluß der Erzählung vorstellt. Dann geben Sie Ihre Variante preis. Und ganz zum Schluß lesen Sie dann die Geschichte im Buch zu Ende.

46 Fotogeschichten

Ein Fotoalbum aus den „alten Zeiten" bietet ausreichend Stoff, um die Fantasie mit ins Spiel zu bringen. Zusammen mit dem Enkelkind können Sie sich die Lebensgeschichten der fotografierten Personen ins Gedächtnis rufen. Oder Sie erfinden neue Namen, neue Geschichten zu den einzelnen Personen auf den Fotos. Wenn Sie alte Fotos vor sich haben, hören die Kinder gern wahre Geschichten, wie Sie sie erlebt haben und in denen Vergangenes lebendig wird.

47 Stammbaum malen

Alle Kinder haben ihre Schwierigkeiten damit, durch Verwandtschaften ersten und zweiten Grades zu steigen. Ganz schön kompliziert, wer hier die Tochter von wem ist oder die Tante. Am besten läßt sich die ganze Familiengeschichte mit Hilfe einer Zeichnung erklären. Mit Hilfe eines Stammbaums, den Sie zusammen mit Ihrem Enkelkind aufzeichnen: „Hier bist du, und du bist verbunden mit deinen Eltern und deine Eltern einmal mit uns Großeltern und dann mit..." Aus dem Stamm wird schnell ein weitverzweigter Baum.
Verstärkt durch Familienfotos, die Sie vielleicht zusammen anschauen, wird das Ganze noch bildhafter. Eine spannende Geschichte für viele Kinder, die sie sich gerne von Oma oder Opa erklären lassen.

48 Die-einmal-Du-einmal-ich-Geschichte

Sie beginnen eine Geschichte zu erzählen, eine ausgedachte oder eine bekannte, z. B. ein Märchen. Nach ein paar Sätzen stoppen Sie. An einer besonders spannenden Stelle hören Sie auf. Jetzt ist Ihr Enkelkind an der Reihe mit Weitererzählen. Sie wechseln ab mit dem Erzählen, bis die Geschichte ein Ende hat oder langweilig wird. Eine Variante des Spiels: Sie beginnen wieder mit dem Erzählen, schreiben den ersten Satz einer ausgedachten Geschichte oben auf ein Blatt Papier, dann ist Ihr Enkelkind an der Reihe und schreibt einen zweiten Satz dazu. So schreiben Sie immer abwechselnd, bis die Seite vollgeschrieben ist.

Kapitel 4

Raus, nach draußen

Schlechtes Wetter gibt es nicht, höchstens mal unpassende Kleidung. Licht, Luft, Wind, Sonne, Schnee tun den Alten wie den Jungen gut.

Spazierengehen, wie es Freude macht

Kinder sind selten begeisterte Spaziergänger. Durchs Gelände wandern oder durch den Stadtpark gehen, das ist nicht ihre Sache. Großeltern dagegen haben nichts gegen Spaziergänge einzuwenden und freuen sich, wenn Enkelkinder mitkommen.
Die folgenden Seiten bieten jede Menge Spiele und Spielchen für Feld, Wiese oder Wald, Park oder Garten. Vergnügungen, geeignet als Lockmittel für wandermüde Enkel und solche, die Spazierengehen "einfach langweilig" finden.

1 Pusteblumen

Zur Erinnerung ein Spiel, das besonders kleine Kinder immer wieder gerne spielen und jeder von Ihnen bestimmt auch schon oft gespielt hat. Sie halten eine Pusteblume in der Hand und fragen das Kind: „Licht anlassen oder Licht ausschalten?"
Sagt es „Licht ausschalten", sollen sich beim Pusten alle weißen Schleierfäden von der Blüte lösen. Sagt es „Licht anlassen", sollen sich möglichst wenig Schleierfäden von der Blüte lösen, wenn gepustet wird.
Erfüllt sich die Voraussage, werden die Rollen getauscht, und der nächste Löwenzahn wird abgepustet.

2 Gänseblümchen als Wahrsager

Ein zweites klassisches Spiel für draußen, ein Spiel mit Gänseblümchen, an dem nicht nur die kleinen Kinder ihren Spaß haben: Ein weißes Blättchen nach dem anderen von der Blume zupfen und bei jedem Zupfen eine Frage stellen:
Werde ich fünf Kinder haben?
Werde ich vier Kinder haben?
Werde ich drei Kinder haben?
Werde ich zwei Kinder haben?
Werde ich ein Kind haben?
Werde ich kein Kind haben?"
Das letzte Blatt, das an der Blüte sitzt, entscheidet über die Zukunft. Das Gänseblümchen-Orakel kann auch andere Fragen

beantworten — zum Beispiel: "Werde ich heiraten — ja oder nein?"
Oder: "Werde ich in der gleichen Stadt wohnen bleiben, im gleichen Land oder in ein fernes Land gehen?"

3 Doppelstecker

Zwei Gänseblümchen werden zu einem. Von einer Blume den Stengel abknipsen. In das Loch, das sich auf der Unterseite der Blüte dadurch ergibt, den Stiel des zweiten Gänseblümchens schieben. Jetzt hat der Stengel auf beiden Seiten Blüten.

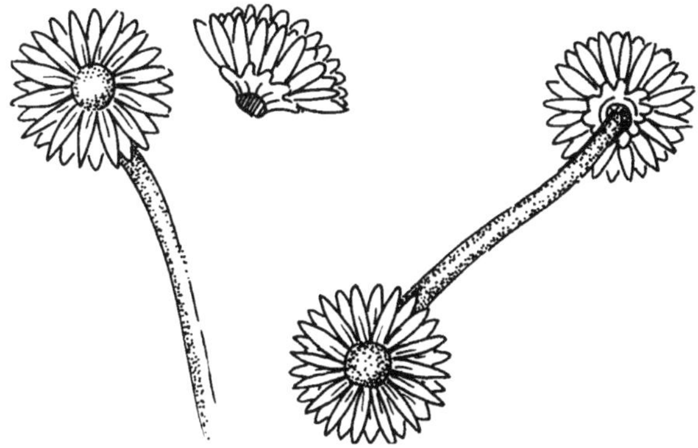

4 Bauern-regeln

Alte Bauernweisheiten sind die sogenannten Bauernregeln.
Auch heute noch haben sie ihre Richtigkeit.
Danach läßt sich gutes Wetter zum Beispiel aufgrund folgender Erscheinungen voraussagen:
— Die Schwalben fliegen hoch.
— Die Lerchen stehen ebenfalls hoch in der Luft.
— Die Frösche quaken am Abend.
— Die Grillen zirpen abends.
— Die Spinnen spinnen besonders fleißig.
— Der Wind kommt aus Osten.
— Die Luft flimmert.
— Der Himmel ist am Morgen grau.
— Der Himmel ist am Abend rot.
Merkmale für schlechtes Wetter laut alter Bauernregeln sind:
— Die Schwalben fliegen tief.
— Die Gänseblümchen öffnen sich auch am Tage nicht.

— Die Regenwürmer zeigen sich.
— Die Schnecken kriechen aus ihren Verstecken.
— Die Fernsicht ist bestens.
— Die Hunde fressen Gras.
— Die Frösche quaken am hellichten Tage.
— Die Tauben bleiben beim Taubenschlag.
— Die Kühe fressen schneller als sonst.
— Der Himmel ist am Morgen rot.
— Am Abend steigt Nebel auf.
— Der Mond hat nachts einen Hof.

5 Trapper spielen im Walde

An ganz bestimmten Zeichen im Wald können Sie Himmelsrichtungen erkennen, selbst kleinere Kinder nehmen diese Zeichen schon wahr und suchen danach:
— Bäume, Schuppen, Zaunpfähle sind auf der Seite, die nach Westen oder Nordwesten zeigt, häufig bemoost oder mit Flechten überzogen, weil sie hier Wind und Wetter in besonderer Weise ausgesetzt sind.
— Ameisenhaufen sind immer an der Südseite von Büschen und Bäumen zu finden.

6 Mit den Hühnern aus den Betten

Eine Unternehmung für laue Sommermorgen. Sie machen sich zusammen mit Ihrem Enkelkind in aller Herrgottsfrühe auf den Weg in den Wald. Für Kinder ist es allein schon ein tolles Erlebnis, morgens auf den Beinen zu sein, wenn alle anderen noch schlafen. Zum Beispiel morgens ganz früh mit Bus oder Straßenbahn unterwegs sein, ist ein Abenteuer für sie. Und dann mucksmäuschenstill durch den Wald zu streifen und auf Rehe zu hoffen, die sich zeigen, verdoppelt das Vergnügen.

7 Blätter sammeln, Blumen pressen

Damit haben sich Kinder und Erwachsene immer schon beschäftigt: Im Sommer und Herbst draußen Blätter und Blumen sammeln, die Schätze zu Hause zwischen Löschblättern in dicken

Wälzern von Büchern pressen und trocknen. Nach dem Trocknen vorsichtig in ein Heft kleben. So können Blätter und Blüten bestimmt und beschriftet werden. (Ein Bestimmungsbuch können Sie in der Bibliothek ausleihen.)

8 Herbstbilder

Von draußen, von einem Spaziergang, ganz verschiedene Herbstblätter mit nach Hause bringen. Die Blätter anfeuchten, an eine Fensterscheibe pappen und sich eine Weile an den Farben und Formen freuen.

9 Herbstketten

Sie sammeln während eines Spazierganges Bucheckern, Eicheln, Hagebutten und stellen daraus zusammen mit Ihrem Enkelkind Ketten, Armbänder und Kränze her. Wenn sie noch einigermaßen frisch sind, lassen sich die Früchte leichter durchstechen. Einen starken Faden brauchen Sie zum Auffädeln.

10 Huhn oder Hahn

Ein altbewährtes Kinderspiel: Sie pflücken ein Rispe Gras, zeigen es Ihrem Enkelkind und fragen: "Hahn oder Huhn?" Es gibt einen Wunsch an, zum Beispiel "Huhn". Ziehen Sie den Grashalm nach unten. Bleibt ein großes Büschel zwischen Ihren Fingern stehen, geht der Wunsch nicht in Erfüllung. Großes Büschel heißt Hahn. Bleibt ein kleines Büschel zwischen Ihren Fingern stehen, geht der Wunsch in Erfüllung. Kleines Büschel heißt Huhn.

11 Wie schnell fließt der Fluß?

Eine Spielerei mit Geschwindigkeit. Ihr Enkelkind schmeißt ein Stück Holz in einen Bach oder Fluß und folgt dem Holz mit großen Schritten am Ufer. Gleichzeitig schauen Sie auf die Uhr, rufen nach sechs Sekunden "Stop". Nun wird gerechnet: Die Meterzahl, die Schritte, die das Kind in den sechs Sekunden getan hat, mal 600 ergibt die Geschwindigkeit des Baches oder Flusses pro Stunde.
Ein Beispiel: Das Holz schwimmt in sechs Sekunden zehn Meter weit. Das heißt 600 x 10 = 6000 Meter in der Stunde Bach- oder Flußgeschwindigkeit, also sechs Kilometer pro Stunde.

12 Donnerschall und Blitz

Eine Frage, die viele Kinder beim Gewitter stellen: "Wie weit ist das Gewitter von uns entfernt?" In etwa können Sie es zusammen ausrechnen: Schall legt in drei Sekunden einen Kilometer zurück. Folgt der Donner dem Blitz im Abstand von 15 Sekunden, dann ist also das Gewitter fünf Kilometer entfernt.

13 Nach den Sternen schauen

Weihen Sie Ihre Enkelkinder doch mal in die Geheimnisse der Sternenkunde ein. Es ist einfacher, als es klingt. Zum Beispiel mit Hilfe der Sterne bestimmen, wo Norden ist:
— Sie suchen zuerst das Sternbild des Großen Bären oder Großen Wagens am Himmel.
— Dann verbinden Sie die Rückseite des Wagens (der Deichsel entgegengesetzt) in Gedanken durch eine Linie.
— Diese Linie verlängern Sie um das Fünffache nach oben über den Wagen hinaus, dann erreichen Sie den Polarstern.
— Am Polarstern können Sie sich orientieren. Er zeigt Ihnen an, wo Norden ist.
— Mit Hilfe des Polarsternes finden Sie übrigens ganz schnell den Kleinen Wagen am Himmel, denn der Polarstern ist der letzte, der dritte Stern in der Deichsel des Kleinen Wagens.

14 Die Himmelsrichtung per Uhr bestimmen

Wer keinen Kompaß dabei hat, kann die Himmelsrichtung bei Sonnenwetter mit Hilfe einer Armbanduhr bestimmen: Sie richten den Stundenzeiger zur Sonne, halbieren den Winkel, der sich bis zum Zwölfuhrstand ergibt. Diese Halbierungslinie weist gen Süden: vormittags links vom Zwölfuhrstand, nachmittags rechts vom Zwölfuhrstand.

15 Pfützen machen

Ein Spiel bei frostigem Wetter. Die Temperatur sollte um Null Grad sein, so daß sich eine dünne Eisschicht auf Pfützen gebildet hat. Vor jeder Pfütze, auf die Sie mit Ihrem Enkelkind zugehen, wird eine Wette zwischen ihnen abgeschlossen: "Trägt das Eis oder trägt es nicht?" Und gleich danach wird's ausprobiert: Das Kind stellt sich aufs Eis — bricht es oder hält es? Wer Recht behalten hat mit seiner Vorhersage, kassiert einen Punkt.
Gewinner ist, wer nach etlichem Wetten die meisten Punkte eingeheimst hat.

16 Bäume ausmessen

Ein Spiel, das sich gut während eines Spazierganges im Park veranstalten läßt. Wieder werden Wetten abgeschlossen zwischen Ihrem Enkelkind und Ihnen. Diesmal geht's darum, welcher Baum im Umkreis von zehn Metern den dicksten Umfang aufzuweisen hat. Nachdem jeder seine Vermutung geäußert hat, messen Sie nach mit Hilfe eines Bindfadens, den Sie jetzt aus der Tasche ziehen.

17 Pfützen ausmessen

Ein ganz ähnliches Spiel wie oben, zu spielen auf einem pfützenreichen Weg, nach einem heftigen Regenguß. Jetzt wird ausprobiert, welche Pfütze weit und breit die größte ist: Ihr Enkelkind setzt Fuß vor Fuß und wandert auf diese Weise um verschiedene Pfützen herum, während Sie mitzählen. Dann sind Sie an der Reihe und messen den Umfang der Pfützen mit den Füßen aus.

18 Steine fußeln um die Wette

Ein Spiel für zwei. Sie spielen mit Ihrer Enkelin auf einem Weg um die Wette Fußball. Statt um einen Ball geht's dabei um zwei nicht zu große, nicht zu schwere Steine. Von einer Ziellinie aus schießt jeder einen Stein vor sich her in Richtung auf ein vorher festgelegtes Ziel, das in einiger Entfernung liegt. Bedingung: Der Stein soll nicht vom Wege abkommen.

19 Bachfontänen

Nicht nur am Bach, auch vom Ufer eines Teiches aus läßt sich dieses Spiel ausführen: Jede Menge Steinchen sammeln oder auch Tannenzapfen, abwechselnd ins Wasser werfen und sich gemeinsam über die Fontänen freuen, die dabei entstehen. Je höher, desto besser.

20 Treibholz

Ein uraltes, bewährtes Kinderspiel am Bach: Ein Hölzchen ins Wasser werfen und seinen Weg mit den Augen verfolgen. Kommt es weiter oder bleibt es hängen? Wohin wird seine Reise gehen?

21 Steinchen zwitscheln

Flache, kleine Steine brauchen Sie für dieses Spiel und einen breiten Fluß vor sich oder einen See. Einen Stein zwischen Zeigefinger und Daumen nehmen und so flach werfen, daß er kurz auf der Wasseroberfläche aufkommt und gleich weiterspringt. Die Kunst besteht darin, daß der Stein häufig springt. Und das will geübt sein.

22 Im Zwergenwald

Zwischen Baumwurzeln spielen, Hütten aus Stöckchen und Betten aus Moos bauen. Dieser Spielvorschlag kommt bei den meisten Kindern im Kindergartenalter bombig an. Vor allem, wenn da ein Großvater oder eine Großmutter sind, die beim Aufbauen helfen, brauchbare Spielsachen für diese Zwergenwelt in der Tasche haben und im richtigen Moment hervorkramen. Zum Beispiel ein paar kleine Marienkäfer aus Schokolade oder winzige Küken aus Plüsch.

23 Die Knalltüte am Stock

Sie stecken vor einem Waldspaziergang eine Tüte ein, ein Blatt Zeitungspapier, ein Stück Bindfaden, einen dicken Stift und eventuell auch ein Taschenmesser. Dann suchen Sie gemeinsam mit Ihrem Enkelkind während des Spaziergangs nach einem nicht zu dicken, nicht zu großen, möglichst geraden Stock.

Machen Sie aus dem Stock einen Steckenmann, der Sie auf dem Weg begleitet:

— Mit dem Taschenmesser eventuell ein Muster in die Rinde des Stocks ritzen.

— Die Tüte aus der Tasche ziehen, mit dem Filzstift ein Punkt-Punkt-Komma-Stric hgesicht aufmalen, die Tüte aufblasen, das Zeitungspapier knüllen und in die Tüte stecken.

— Den Stock in die ausgestopfte Tüte stecken und die Tüte mit dem Bindfaden am Stock festbinden.

Mit solch einem Stockmänneken in der Hand geht sich's für kleine Kinder gleich doppelt gut. Und der Weg wird nicht so lang.

24 Blattgeist

Sie suchen eine kleine handliche Astgabel im Wald und ein etwas größeres Blatt. In das Blatt reißen Sie kleine Löcher als Augen und einen Schlitz als Mund, und dann spießen Sie das Blatt an der Astgabel auf. Ein Kind kann sich dieses Gespenst an den Gürtel stecken oder es in die Hand nehmen und damit andere ein wenig kitzeln oder kratzen.

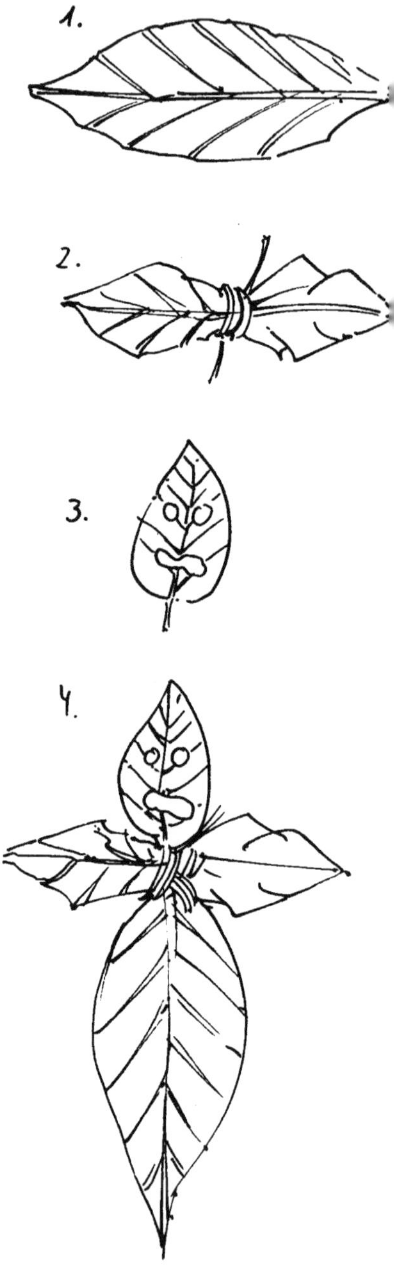

25 Grüne Kerle

Eine einfache Bastelei, die Sie draußen mit einem oder mit mehreren Kindern anregen können. Wer mitmacht, sammelt Blätter. Je unter-

schiedlicher Form und Größe der Blätter, desto besser. Außerdem noch ein paar lange Grashalme besorgen. Aus Halmen und Blättern werden nun die grünen Kerle gebastelt:

— Ein Blatt in der Mitte mit einem Grashalm abschnüren. Das sind die Arme.

— In ein kleines Blatt zwei Minilöcher reißen als Augen und einen Schlitz als Mund. Das kleine Blatt ist das Gesicht vom grünen Kerl. Ein frecher kleiner Kerl: Er streckt die Zunge raus (ein Blatt durch den Mund schieben).

— Gesicht und Arme mit einem zweiten Grashalm zusammenbinden.

— Ein drittes Blatt mit einem dritten Grashalm anbinden.

26 Blättergürtel

Sie suchen mit ihrem Enkelkind viele Blätter zusammen. Blätter, die etwa die gleiche Form und Größe haben. Dann sammeln Sie ebenso viele kleine und kleinste Stöckchen, mit denen Sie die Blätter zusammenstecken. Die Stöckchen dabei wie Stecknadeln benutzen.

Ist aus Blättern und Stöckchen eine lange Kette entstanden, legen Sie dem Kind die Kette um die Taille und stecken sie fest.

27 Blütenkranz

Pflücken Sie Löwenzahn- oder Gänseblümchenblüten und flechten aus den Stengeln einen Zopf. In den Zopf immer wieder eine neue Blüte mit Stengel einflechten. Dann aus dem Zopf mit Hilfe eines langen Grashalmes einen Kranz binden — einen Kranz als Schmuck für den Kopf.

28 Erdbilder

Ein Spiel, das Sie zusammen mit einem oder mehreren Kindern auf einem sandigen oder erdigen Weg spielen können. Wer mitmacht, sucht sich einen dünnen, stabilen, möglichst spitzen Stock und ritzt mit ihm Bilder auf den Weg. Einer stellt dem anderen Themen. Zum Beispiel: „Hexe oder Ungetüm mit Flügeln", „Dschungelblume"...

29 Blätterbilder

Ein Spiel, das nicht nur im Herbst Spaß macht. Während eines Spaziergangs wieder jede Menge Blätter sammeln. Kleine und große, schmale und breite.
Beim Sammeln darauf achten, daß möglichst verschiedene Blätter zusammenkommen.
Zu Hause alle Blätter auf einen Tisch legen, Papier und Klebstoff bereithalten (achten Sie auf Klebstoffe mit unschädlichen Lösemitteln wie z.B. Wasser) und nun aus den Blättern Bilder machen. Immer abwechselnd Themen stellen — etwa: „Einen Fisch aus Blättern auf Papier kleben" oder „Bäume" oder „Ein Tier aus dem Zoo".

30 Bauen mit Stöckchen

Im Wald oder im Gebüsch im Park finden Sie bestes Baumaterial für Zäune und Brücken in Miniformat. Sie sammeln zusammen mit Kindern jede Menge kleiner Stöckchen, möglichst gerade und nicht zu dick sollen sie sein.
Das Baumaterial nehmen Sie mit nach Hause, und dort, im Sandkasten oder am Küchentisch, lassen sich aus den Stöckchen mit Hilfe von Bindfaden ganz unterschiedliche Spielsachen bauen:
— Alle Stöckchen auf eine Länge stutzen, dicht nebeneinander auf einen oder zwei Streifen Klebeband pappen und als Weg beim Bauen mit Bauklötzen oder bei Sandkastenspielen verwenden.
— Aus einem Schuhkarton ein Wildwest-Fort bauen. In den Karton breite Durchgänge schneiden. Türen stehenlassen. Dann

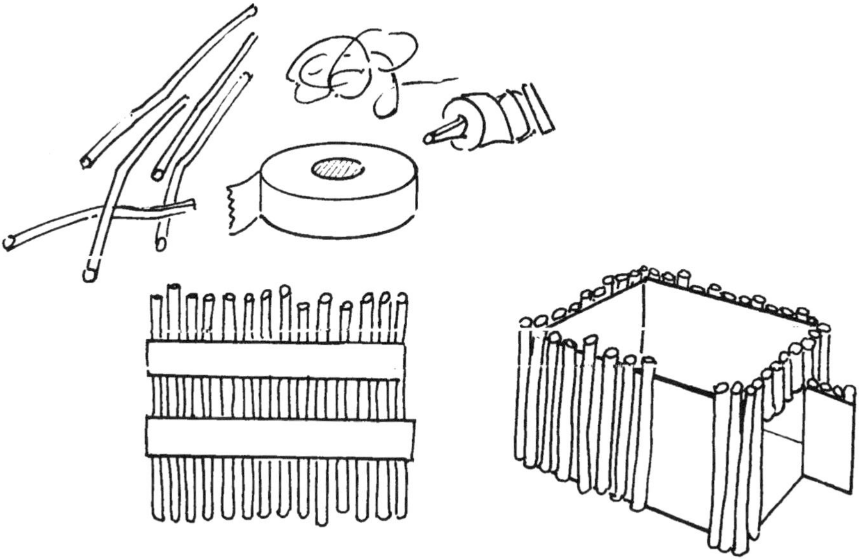

die Wände des Schuhkartons mit Stöckchen bekleben. Auch die Türen. Ein Stöckchen dicht neben das andere kleben.

31 Familie Stein

Zusammen sammeln Sie während eines Spaziergangs viele Steinchen, große und kleine, die in der Form zusammenpassen. Mit einem Filzstift, den Sie dabeihaben, können Sie die Steine in eine Familie verwandeln. Malen Sie auf jeden Stein Augen, Nase, Mund und ein paar Ponyfransen. Dann geht's los mit einem gemeinsamen Spiel mit Familie Stein. Zuerst bekommen die Steins Namen. Nun ritzen Sie mit einem Stöckchen den Grundriß einer Wohnung in die Erde, in der Familie Stein haust.

32 Augen zu beim Spazierengehen

Ein Spiel für zwei, das am besten durchzuführen ist auf einem ruhigen Spazierweg im Park oder Wald. Sie nehmen Ihr Enkelkind an die Hand und gehen ein paar Schritte mit geschlossenen Augen. Gemeinsam ins Dunkle zu marschieren ist gar nicht so einfach. Wem wird das Ganze zuerst mulmig, wer klappt die Augen schnell wieder auf?

33 Schatzsuche

Eine Idee bei quengeligen Kindern, die nicht mehr laufen mögen: Wenn Sie während eines Spaziergangs heimlich und leise alle paar Meter eine kleine Überraschung, ein (gesundes!) Bonbon o.ä. verstecken, dann klappt der Rückweg sicherlich bestens: Ihr Enkelkind ist mit Schatzsuche beschäftigt und kommt auf diese Weise schnell und ohne Nörgeln vorwärts.

34 Manteltaschenlotterie

Bei diesem Spiel wird das Ziel vorher ausgelost, das Sie bei einem Spaziergang zusammen mit ihrem Enkel ansteuern. Sie schreiben auf viele verschiedene Zettel viele verschiedene Ziele, die in Frage kämen. Jeden Zettel zusammenrollen und in einer Mantel- oder Jackentasche verstauen. Vorm Losgehen darf Ihr Enkelkind einen der Zettel aus der Manteltasche ziehen.

35 „Guten Tag, Frau Meier!"

Ein Spiel, das Kinder, matt vom Wandern, wieder auf Trab bringt. Sie fassen sich an den Händen, schreiten zügig zehnmal im Gleichschritt und zählen dabei laut bis zehn, dann bleiben Sie stehen, verbeugen sich voreinander und sagen:
„Guten Tag, Frau (Herr) Müller!"
„Guten Tag, Herr (Frau) Meier!"
Und dann aus einem Munde:
„Wollen wir ein Stück zusammengehen?"
Anschließend gehen Frau (Herr) Müller und Herr (Frau) Meier gemeinsam weiter — wieder im Gleichschritt und laut bis zehn zählend.

36 Taschenspiel

Noch ein Vorschlag, wie Sie ein müdes Kind beim Spazierengehen wieder aufmuntern können. Alle paar hundert Meter darf es in Ihre Mantel- oder Jackentasche greifen. Wundersamer Weise findet sich darin immer wieder etwas Neues: ein Bonbon, dann ein witziges Bild (aus der Zeitung ausgeschnitten), schließlich ein

Luftballon o.ä. Unbemerkt von dem Kind holen Sie während des Gehens immer einen neuen Schatz aus einer anderen Tasche und verbergen ihn in der Mantel-/Jackentasche. Hat das Spiel erst einmal begonnen, kommen die meisten nicht schnell genug vorwärts, damit der nächste Griff in die Tasche wieder fällig wird.

37 Seiltänzer auf der Mauer

Eine Leidenschaft der meisten kleineren Kinder: mit ausgestreckten Armen auf Vorgartenmauern balancieren. Eine Variante des Spiels für ältere Kinder: mit jedem Seiltänzerschritt einen Mädchen- oder Jungennamen nennen, ein Tier oder eine Pflanze.

Großmutter und Großvater zählen derweil die Schritte, die während des Aufzählens — ohne Anhalten — getan werden. Werden da neue Rekorde aufgestellt?

38 Schattenwanderung

Ein Spiel für Sonnentage: Einer wandert im Schatten des anderen! Wer schafft es, im Schatten des anderen zu bleiben, und was geschieht beim Gehen mit dem eigenen Schatten?

39 Verfolgungsjagd

Sie wandern vorweg, und Ihr Enkelkind folgt Ihnen auf dem Fuße. Wenn Sie eine Rechtskurve machen, legt es sich ebenfalls in die Kurve. Wenn Sie einen Baum umrunden, umrundet es ebenfalls einen Baum. Sie machen fünf Schritte rückwärts, Ihr Enkel auch.

Nach einer Weile werden die Rollen getauscht. Nun bestimmt Ihr Enkelkind, wo's lang geht, und Sie folgen seinen Spuren.

40 Nachtwanderung

Kleine Kinder halten die Aufregung kaum aus: Nachts an der Hand von Oma und Opa draußen herumlaufen, wenn es stockduster ist. Aber gerade dieses gruselige Kribbeln macht den Reiz .

Supertoll ist eine Nachtwanderung! Ein richtiges Abenteuer. Wenn's zu unheimlich wird, hilft eine Taschenlampe. Ein bißchen Licht im Dunkeln brauchen die meisten Kinder als Mutmacher.

41 Fangen spielen im Stehen

Nicht nur im Stehen findet dieses Fangenspiel statt, sondern auch bei Nacht. Ein Spiel für zwei. Die beiden Spieler sind mit zwei Taschenlampen ausgerüstet und stehen ein paar Schritte voneinander entfernt. Der Jüngste beginnt, leuchtet mit seiner Lampe die Gegend ab. Der Mitspieler versucht, das Licht der Taschenlampe mit dem Schein seiner eigenen Lampe einzufangen. Gelingt's, dann werden die Rollen getauscht.

42 Auf der Lauer liegen

Was Jägern Freude macht, ist auch ein Vergnügen für viele Kinder und Großväter oder -mütter: Im Dunkeln im Wald sitzen, mucksmäuschenstill sein und auf die Geräusche des Waldes lauschen; auf das Rascheln im Dickicht, das Knistern und Knarren im Gehölz. Jeder Mucks, der sich tut, wird auf einmal ganz intensiv wahrgenommen: die Geräusche, die Gerüche und das, was im Dunkeln noch zu sehen ist.

43 Lichterrätsel

Sie spazieren zusammen mit ihrem Enkelkind in der Dämmerung durch eine Wohngegend, und wenn nach und nach in den Häusern die Lichter angehen, rätseln Sie gemeinsam, wer in diesen Wohnungen leben könnte, denken sich Geschichten aus über die Bewohner.

44 Schneebilder

Ein Schneespiel für zwei. Gespielt wird auf einer möglichst großen, mit Schnee bedeckten Wiese. Zuerst treten Sie ein Bild in den Schnee, setzen einen Fußstapfen vor den anderen, bis Linien entstehen und aus den Linien schließlich ein Bild — zum Beispiel ein Schiff oder ein Haus. Ihr Enkelkind schaut sich die Spuren im Schnee aus einiger Entfernung an, bis es erkennt, was da im Schnee entsteht. Dann zeichnet es das nächste Bild in den Schnee, und Sie schauen zu.

45 Zielwerfen

Ein Spiel mit Schneebällen. Sie formen fünf oder sechs feste, nicht zu kleine Schneebälle und legen sie ungefähr im Abstand von 30 cm nebeneinander auf eine Mauer oder stecken sie auf Zaunlatten. Dann werfen Sie abwechselnd aus einer Entfernung von zwei oder auch mehr Metern mit anderen Schneebällen auf die Bälle. Jeder Treffer bringt einen Punkt. Gewinner ist, wer zum Schluß die meisten Punkte gesammelt hat, wenn alle Schneebälle abgeworfen sind.

46 Schneebälle balancieren

Sie formen zusammen mit ihrem Enkelkind vier kleine Schneebälle. Jeder legt sich zwei Schneebälle auf die ausgestreckten Hände. Auf „Los" geht's los. Sie gehen schnell, aber nicht zu schnell um die Wette bis zu einem vorher festgelegten Ziel. Die Schneebälle dürfen nicht hinunterfallen bei dem Gang. Gewinner ist, wer beide Schneebälle zuerst ins Ziel bringt.

47 Spuren legen

Sie stapfen vorweg über eine mit Schnee bedeckte Wiese und hinterlassen Fußstapfen. Stapfen, die manchmal dicht aufeinanderfolgen, manchmal aber auch weit auseinandergehen, die kreuz und quer und kurvenreich über die Wiese führen. Ihr Enkelkind folgt Ihren Spuren. Laut Spielregel darf es die vorgegebenen Fußstapfen nicht verlassen.
Ihnen zu folgen, heißt oft einen Riesenschritt machen, und gerade das macht Spaß.

In Garten oder Hof

Auch wenn Sie noch so viel mit Ihren Enkeln machen, immer wieder wollen und sollen sie zum Spielen und Toben raus in den Garten oder auf die Straße gehn. Doch die sind oft sehr kinderfeindlich gestaltet.

Wenn Sie einen Garten haben, schauen Sie ihn sich mal mit den Augen der Kinder an: Hier steht kein Sandkasten, kein Schaukelgerüst auf dem Rasen, und viel Gebüsch für Versteckspiele ist auch nicht vorhanden.

Wie beschäftigen sich Kinder hier? Oder wie nutzen sie einen kargen Garagenhof für ihre Spiele?

Wie können Großeltern ohne großen Aufwand, ohne viel Schlepperei und mühevolles Werken in Garten oder Hof auf die Schnelle Spielmöglichkeiten schaffen, die bei Kindern ankommen?

Es gibt eine Menge Tips, die sich schnell umsetzen lassen.

48 Wäscheleinenhaus

Ein provisorisches Gartenhaus läßt sich mit Hilfe von Wäscheleine und Packpapier bauen: Eine Wäscheleine quer durch den Garten spannen, mit einem dicken Pinsel, Tusche und Wasser auf einen Bogen Packpapier Mauerwerk malen, eine Tür und ein Fenster. Dann die Hausfassade mit Hilfe von Wäscheklammern

an die Wäscheleine hängen. Wer's gerne hat, bildet ein Dreieck oder ein Karree aus Wäscheleinen im Garten, spannt die Leinen kreuz und quer und hängt drei oder vier Bogen Packpapier als Wände an die Wäscheleinen.

49 Das Pünktchenhaus

Aus einem alten, weißen Bettlaken läßt sich in kürzester Zeit ein attraktiver Unterschlupf für Kinder fertigen: Mit dicken Filzstiften jede Menge ganz große bis ganz kleine Punkte auf das Laken malen. Dann aus dem Laken ein spitzgiebliges Zelt bauen: Einen Besenstiel oder langen Stock über zwei Stuhllehnen legen und festbinden. Die Stühle sollten so weit wie möglich auseinanderstehen.

50 Der Prügelsack

Ein Spielzeug für „Wüstlinge". Sie füllen einen alten Kopfkissenbezug mit Altkleidern und (oder) Flicken und (oder) Kissen, hängen den Sack an eine Strippe und knoten die Strippe samt Lumpensack an den Ast eines Baumes. Dort kann der Sack dann von begeisterten Boxern oder Kindern, die wütend sind, nach Herzenslust durchgeprügelt werden.

51 Ein Aufzug

Der Aufzug besteht aus einem dicken Bindfaden, an dessen Ende ein Kasten festgeknotet wird. Ein Kasten ohne Deckel, mit zwei Löchern an zwei gegenüberliegenden Seiten. Durch die Löcher wird der Bindfaden gezogen. Am anderen Ende wird der Bindfaden auf eine Papprolle gewickelt — zum Beispiel eine Klopapierrolle.

Das Spiel mit dem Aufzug: Gespielt wird zu zweit. Einer stellt sich auf einen Balkon oder an ein Fenster im ersten Stock und läßt den Aufzug in den Garten oder Hof hinunter. Dort hält ihn der Mitspieler an und belädt ihn mit kleinen Steinen, Blumen oder dem, was er gerade eingekauft hat usw. Der Aufzug wird wieder hochgezogen. Dieses Spiel ist nur für ältere Kinder geeignet. Bei jüngeren Kindern besteht die Gefahr, daß sie sich zu weit hinauslehnen.

52 Leitergerüst

Auf ganz einfache Art und Weise läßt sich ein Klettergerüst im Garten auf- und schnell wieder abbauen: Sie schieben unter die beiden Enden einer einfachen Leiter (wie sie z. B. zum Kirschenpflücken benutzt wird) zwei Böcke oder zwei Hocker, so daß die Leiter quer darüber liegt.

53 Kletterseil an der Teppichstange

Sie binden ein stabiles Seil, z. B. eine Wäscheleine oder ein langes Springseil, an einen dicken Ast oder eine Teppichstange. Knüpfen Sie drei oder vier Knoten in das Seil und lassen es baumeln. Das Seil regt Kinder zum Klettern, Sich-Dranhängen und Schaukeln an.

54 Bauchroller

Für Kinder im Kindergartenalter läßt sich eine leere, runde Waschmitteltonne zum brauchbaren Spielzeug für draußen umfunktionieren:
Sich bäuchlings auf die Tonne legen und mit der Tonne hin- und herkullern. Oder sich mit den Armen auf dem Boden abstützen und vorsichtig vorwärts rollen.

55 Balancierstange

Ein Spielzeug, das Sie ohne allzu großen Aufwand besorgen können, wenn Sie auf dem Land wohnen: Ein Baumstamm ist ein ideales Spielgerät für Kinder. Dick muß der Stamm nicht sein, nur so, daß man darauf balancieren kann. Vorwärts, rückwärts oder auch seitwärts. Auf einem dünnen Stab kann man vorwärtsrollen und dabei versuchen, nicht herunterzufallen.

56 Tennisballschleuder

Sie bauen eine Miniwippe im Garten auf: Ein schmales, nicht zu langes Brett legen Sie über einen Stein und kleben den Deckel

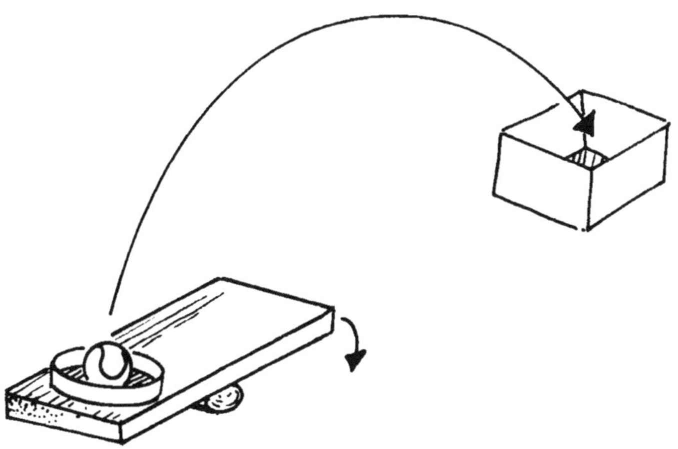

einer runden Käseschachtel oder den eines flachen Kartons auf das eine Ende des Brettes. Dort legen Sie einen Tennisball hinein.

Aus der Wippe entsteht ein Sprungbrett, wenn Sie versuchen, den Ball durch einen gezielten Fußtritt vorne auf das Brett in einen etwa 1 1/2 Meter entfernten größeren Karton zu befördern. Je mehr Spieler dabei mitmachen, desto besser. Das Spiel gewinnt, wer nach ein paar Runden die meisten Treffer gelandet hat.

57 Ringwerfen

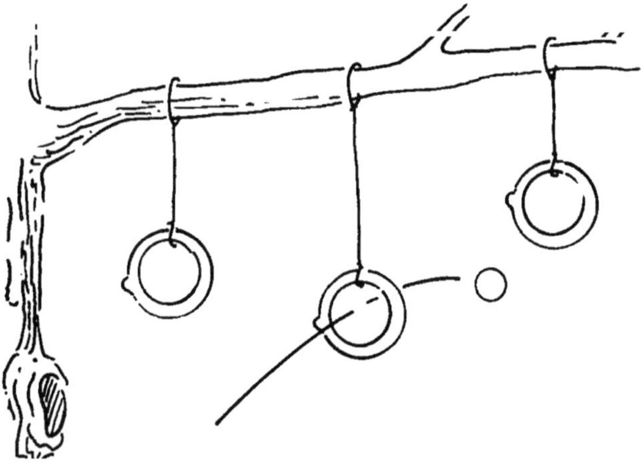

Sie hängen drei oder mehr Gummiringe (Einmachgummis) mit Bindfaden nebeneinander an den Ast eines Baumes, jedoch in unterschiedlicher Höhe. Nun versuchen Sie abwechselnd mit den Kindern, Ping-Pong-Bälle durch die Ringe zu werfen. Wer hat nach einigen Runden die meisten Treffer?

58 Kartonwettrennen

Sie sind der Spielleiter. Jeder Mitspieler und jede Mitspielerin erhalten zwei leere Schuhkartons (ohne Deckel) für den Wettlauf. Dann geht's los: Mit jedem Fuß in einen Karton und dann so schnell wie möglich über eine vorher festgelegte Rennstrecke rutschen. Wer zuerst am Ziel ist, ohne den Karton verloren zu haben, ist eindeutig Gewinner bzw. Gewinnerin.

59 Taucherbecken

Sie stellen eine Plastikwanne, randvoll gefüllt mit Wasser, in den Garten und legen ein paar Kirschen, Pflaumen oder kleine Äpfel auf den Grund der Wanne. Nun heißt es: Wer holt die Früchte aus der Wanne ohne die Hände zu benutzen?

60 Tröppeldusche

Hängen Sie einen Durchschlag an einen Baumast und einen Gartenschlauch über Ast und Durchschlag. Wenn Sie das Wasser vorsichtig andrehen, können Ihre Enkel unter dem Baum ein Duschbad nehmen.

61 Wasserstrahl springen

Ein Spiel mit Gartenschlauch und Wasserstrahl. Den Wasserstrahl schnell hin- und her-, rauf und runterbewegen. Mit ihm können Sie auch Kinder durch den Garten verfolgen.

Die Kinder versuchen, dem Wasserstrahl auszuweichen, springen weg oder springen hoch. Wem gelingt es bei diesem Spiel, ganz trocken zu bleiben?

62 Springer-Brunnen

Schönes Sommerwetter, einen Schlauch und einen Luftballon brauchen Sie, um folgendes Spiel anzuregen: Den Luftballon aufblasen, bis er etwa die Größe einer Apfelsine erreicht hat und zuknoten. Das Wasser anstellen, den Schlauch senkrecht halten und den Strahl so regulieren, daß der Ballon durch das Wasser zum Auf und Nieder-„Springen" gebracht wird. Das Regulieren des Wasserstrahls erfordert einige Übung und Feingefühl.

63 Wasserblubbern

Strohhalme wirken oft Wunder. Damit können sich auch noch die etwas größeren Kinder im Planschbecken bestens beschäftigen: Feine kleine Blasen kann man mit dem Strohhalm blubbern und große kräftige. Mit Hilfe von Luftblasen kann man auch Blätter auf der Wasseroberfläche zum Tanzen bringen. Oder per Strohhalm mit einem Mitspieler um die Wette blubbern.

64 Sturmgebraus

Ein Bündel von Strohhalmen, etwa vier oder fünf Halme, zusammenkleben. Die Halme in den Mund nehmen und jetzt mit aller Kraft in Wasser pusten. Das können eine Wanne mit Wasser oder ein Planschbecken sein. Wer schafft's, die höchsten Wellen zu pusten?

65 Wassersack

Eine Plastiktüte mit Wasser füllen, zubinden und aufhängen. Den Sack z. B. am Balkon befestigen oder am Ast eines Baumes. Dann ein kleines Loch in den Wassersack bohren, unter den Sack stellen und den Wasserstrahl mit dem Mund auffangen.

66 Eisberge in der Sonne

Bei heißem Sommerwetter: Jede Menge Eiswürfel zu den Kindern ins Planschbecken geben. Das kühlt herrlich.

67 Meeresungeheuer im Planschbecken

Für diese Spielerei brauchen Sie ein Planschbecken und ein paar

Luftballons. Die Luftballons in verschiedenen Farben und Formen werden aufgeblasen und zugeknotet. Dann schneiden Sie aus Stoffresten Augen, Mäuler und Flossen eines Ungeheuers aus und kleben sie auf die Luftballons. Das Ganze können Sie auch aus Plastikfetzen fertigen, die mit wasserfesten Filzstiften bemalt wurden. Diese kleinen Ungeheuer werden nun im wassergefüllten Planschbecken ausgesetzt. Jetzt sind die Kinder dran, mit den Meeresungeheuern zu kämpfen.

68 Ping-Pong-Fische

Tennisbälle werden in Fische verwandelt. Malen Sie sie mit

wasserfesten Filzstiften an, so daß ganz verschiedene Fische entstehen: mit großen oder kleinen Augen, mit großen oder kleinen Schuppen und Flossen.

Was kann man mit Ping-Pong-Fischen alles anfangen? Zuerst werden sie ins Wasser gelegt.

— Nun auf die Knie gehen und die Ping-Pong-Fische von einem Beckenrand zum anderen vor sich herpusten.

— Oder sie mit der Hand anstupsen und vorwärtstreiben.

— Auf einen Löffel legen, den Löffel in den Mund nehmen, durch das Wasser kriechen und aufpassen, daß der Ball nicht vom Löffel ins Wasser kullert.

69 Minigolf im Garten

Aus dünnem Karton läßt sich ohne großen Zeitaufwand und große Bastelei ein Minigolfspiel herstellen. Dazu brauchen Sie ein oder zwei Bogen Karton aus dem Schreibwarengeschäft. Zerschneiden Sie den Karton in etwa 10 cm breite Streifen und bauen gemeinsam mit Ihrem Enkelkind aus diesen Streifen Hindernissse für die Minigolfbahn, z. B.:

— Ringe mit geringem und größerem Durchmesser aus den Streifen kleben.

— Torbögen aus Pappstreifen bauen.

— Spitzdächer, kleinere und größere Dächer aus Pappstreifen bauen.

— Dünne Röhren aus Karton kleben und als Pfosten aufstellen.

Auf einem kurzgeschorenen Rasen oder einem ebenen Weg wird dann die Hindernisbahn aufgebaut. Sicher müssen Sie die Karton-Hindernisse beschweren, damit sie nicht von jedem Windhauch umgepustet werden.

70 Eisbilder

Eine Spielerei für heiße Tage. Sie füllen leere Plastikbecher, zum Beispiel Joghurtbecher, mit verschiedenfarbigem Wasser (das erhalten Sie, wenn Sie Wasser- oder Tuschefarben mischen und ins Wasser geben), stellen die Becher ins Gefrierfach und lösen später die farbigen Eisklumpen unter heißem Wasser aus den Bechern. Ihre Enkel können dann die bunten Eisbrocken mit nach draußen zum Malen nehmen. Auf Asphalt oder Steinen entstehen damit bunte Wasserbilder.

71 Eislaufen

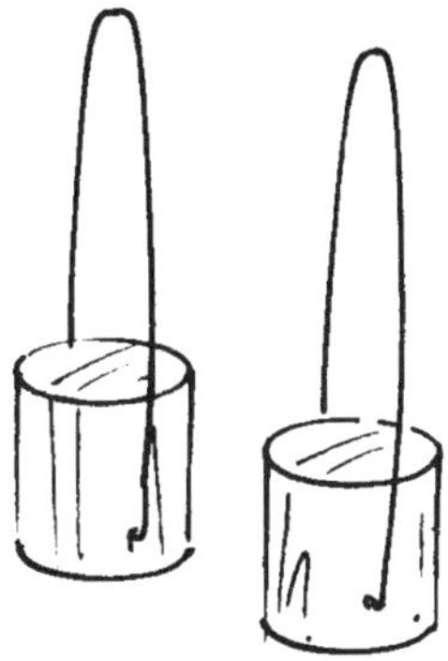

Ein ganz ähnliches Spiel. Je heißer das Wetter, desto beliebter ist dieses Spiel für zwei Kinder. Zuerst sind ein paar Vorbereitungen angesagt: Sie füllen vier Dosen mit Wasser und legen in jede Büchse eine riesige Schlaufe, die Sie jeweils aus einem etwa einen Meter langen Bindfaden geknüpft haben. Die Schlaufen sollen den Boden der Büchsen aber nur fast berühren. Die Büchsen mit Wasser und Bindfaden kommen nun ins Gefrierfach, bis aus dem Wasser Eis geworden ist. Jetzt lösen Sie die Eisklumpen mit heißem Wasser aus den Büchsen.
Nun kann das Spiel beginnen.
Jedes Kind stellt sich mit beiden nackten Füßen auf je einen Eisklumpen, nimmt eine Schlaufe in die rechte und eine in die linke Hand und versucht so, über eine vorher festgelegte Strecke mit reichlich kalten Füßen zu kommen. Hierbei ist Vorsicht geboten, damit die Eisklumpen nicht zu schnell zerbrechen.

72 Eishacker

Ganz einfach, aber sehr wirkungsvoll kann man mit dieser Idee auch schon kleine Kinder eine Weile draußen allein beschäftigen. Diesmal müssen Sie wieder mittels Wasser und Gefrierschrank einen möglichst großen Eisklumpen herstellen. Das Kind kann nun versuchen, ob es diesen Klumpen klein kriegt. Hilfsmittel sind erlaubt: ein alter Löffel, ein kleiner Hammer oder eine Schaufel. Und die Arbeit kann beginnen. Die Sonne trägt ihr Teil bei.

73 Eissplitter

Noch ein Eisklumpen ist gefragt. Wenn mehrere Kinder da sind, losen Sie aus, wer den Eisklumpen gemeinsam mit ihnen vom Balkon auf einen Gartenweg oder aus dem Fenster werfen darf. Der Klumpen springt dabei in Stücke. Es macht Spaß, mit nackten Füßen über die Eisstücke und -stückchen zu wandern und mit den Zehen die Eissplitter vom Boden zu krallen und per Fuß zu einem Sammelpunkt zu tragen.

74 Rasensprenger contra Regenschirm

Bei heißem Wetter: Sie stellen den Rasensprenger an, und Ihr Enkelkind kämpft sich, geschützt durch einen Regenschirm, über den Rasen bis zum Sprenger vor. Hat's geklappt? Dann das Ganze zurück. Ziel des Spiels: trocken bleiben trotz des künstlichen Regens.

75 Murmelrutsche

Sie können eine ganz einfache Kullerbahn bauen. Eine Schräge stellen Sie her aus zwei geraden, möglichst glatten Stöcken, die Sie parallel nebeneinander legen. Führen Sie die Schräge zum Beispiel von einem Pappkarton oder von der Sitzfläche eines Gartenstuhls hinunter auf den Rasen. Dann lassen Sie, immer abwechselnd mit Ihrem Enkelkind, Murmeln oder Klicker über die Rutsche rollen. Wessen Kugeln kullern weiter?

76 Blumentopfgarten

Dieser Garten läßt sich auch auf einem Balkon anlegen: mehrere Blumentöpfe mit Erde füllen. Dann von einem Spaziergang oder aus der Gärtnerei ein paar Pflanzen mitbringen, in die Blumentöpfe setzen und mitverfolgen, wie sie sich entwickeln. Das Gießen übernimmt sicher das Enkelkind!

Winterfreuden

77 Das Schnee- und Eishaus

Einen richtigen Iglu möchten sicherlich die meisten Kinder einmal bauen. Wenn Sie Ihren Enkelkindern einen Umzugskarton zur Verfügung stellen, kann der Bau bei Schnee und Eis gleich beginnen: Den Karton umstülpen und eine Tür hineinschneiden. Wände und Dach des Kartonhauses mit Schnee verkleiden. Wenn's ordentlich frostig kalt draußen ist, das Schneehaus immer wieder mit Wasser übergießen, bis es eine schöne Eishaut hat. Dann kann man's sich gemütlich machen im Iglu.

78 Wo die Yetis wohnen

Geben Sie Ihren Enkelkindern kleine Kartons mit nach draußen in den Schnee. Kartons, die auf einer Seite aufgeschnitten sind. Und dazu die Anregung, eine Schneelandschaft zu bauen mit Höhlen für die Yetis:
Schneeberge auftürmen und in diese Landschaft die Kartons einfügen. Zum Schluß die Kartons mit Schnee verkleiden und mit Eiszapfen verzieren.

79 Eiszapfenfabrik

Aus einer großen Plastiktüte kleinere und größerer Quadrate schneiden und daraus spitze Tüten rollen, zusammenkleben mit Klebeband. Die Tüten mit Wasser füllen und bei starkem Frost draußen in einen Schneeberg stecken. Ist aus dem Wasser Eis geworden, die Tüten ins Haus holen und mit heißem Wasser die Eiszapfen aus den Tüten lösen. Das Ergebnis können die Kinder im Vorgarten aufreihen.

80 Miniyetis

Kleine Joghurtbecher mit Wasser füllen und bei starkem Frost nach draußen stellen. Das entstandene Eis wieder aus dem Becher lösen und nun mit dicker Tusche auf den Eisklumpen ein Gesicht malen.Kurz zum Nachfrieren noch einmal nach draußen stellen.

Kapitel 5

Basteln und malen

Mit Oma und Opa macht's Spaß, zu malen und zu basteln. Denn die haben Zeit und vor allem Geduld.

Viele schreckten früher davor zurück: „Mit Perlchen fummeln soll ich und mit Drähtchen? Mit Bast rascheln und mit Transparentpapier?"

Mit den Enkeln entdeckten sie, daß sie „es können." Spaß, Freude, Vergnügen sind auf allen Seiten.

Viel mehr als Klebstoff und Malstifte, Pappe und Papier, kleinere Schachteln, mal größere, und ein paar Pappröhren werden in der Regel nicht gebraucht. Weder Perfektionismus noch Genauigkeit sind angesagt: Wichtig beim Basteln ist das Gefühl der Gemeinsamkeit, das dabei aufkommt.

Die Kinder genießen es:

- daß Großmutter und (oder) Großvater sich ihnen zuwenden, zuhören und fragen, denn beim Basteln ergibt sich ganz nebenbei Gelegenheit, in Ruhe miteinander zu reden,
- daß beim Basteln eine Arbeitsgemeinschaft entsteht, gemeinsam werden Ideen entwickelt, gemeinsam werden Probleme gelöst, und am Ende entsteht ein Gemeinschaftsprodukt und damit auch ein Gemeinschaftsgefühl: Das haben wir zusammen zustande gebracht!

Und manchmal bleibt sogar ein richtiges Spielzeug übrig, gut zu gebrauchen, wenn die heimische Spielkiste nicht greifbar ist.

„Brennend" interessante Basteleien

Einige der im folgenden vorgestellten Bastelvorschläge sind nicht für alle Tage. Wenn Sie diese mit den Kindern verwirklichen, vergessen Sie nicht, ein paar passende Worte zu sagen. Allein sollten die Kinder sie nicht machen. Und wenn Sie da nicht ganz sicher sind, dann lassen Sie die gefährlichen Sachen bitte weg.

1 Tropfwachsinsel

Kein Kind, das nicht gerne kokelt. Schade nur, daß Kokeln nicht erlaubt ist. Normalerweise jedenfalls nicht. Aber vielleicht ausnahmsweise mal. Zum Beispiel, wenn die Enkelkinder zu Besuch bei den Großeltern sind. Dann darf unter der Aufsicht von Großmutter oder Großvater mit einer brennenden Kerze gespielt werden. Vorbereitungen:

- Kerzenstummel oder Kerzen und Streichhölzer bereitlegen,
- Schüssel, mit Wasser gefüllt, bereitstellen.

Und nun die brennende Kerze schräg über die Schüssel mit Wasser halten und das Wachs ins Wasser tropfen lassen. Das Wachs erstarrt sofort und im Wasser entsteht eine Insel aus seltsamen Tropfengebilden. Auf der Insel gibt es schmale und breite, hohe und niedrige Türme aus Wachs. Oder es entstehen Tropfhöhlen und Brücken in einer skurrilen Landschaft.

2 Leuchtschiffe

So können Sie zusammen mit den Enkelkindern Leuchtschiffe für die Badewanne, für draußen, für Planschbecken oder Gartentümpel bauen:

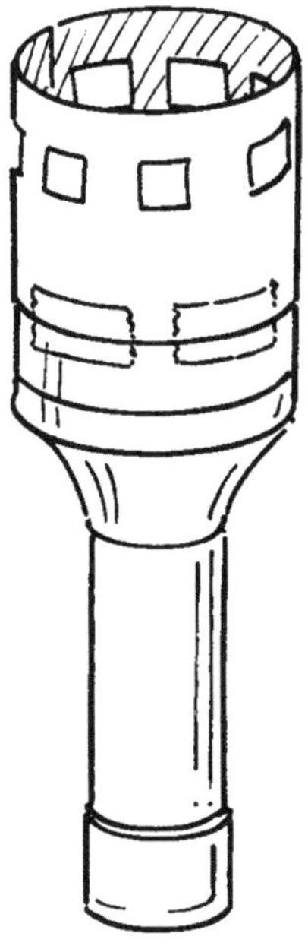

Ein, zwei, möglichst ovale Käseschachteln und mehrere Teelichter besorgen.

Die Käseschachteln in Alufolie einwickeln. Jede Hälfte für sich.

Die eingewickelten Schachtelteile wie Boote ins Wasser legen und die brennenden Teelichter hineinsetzen. Im Dunkeln können Sie besonders gut verfolgen, wie die Boote langsam übers Wasser treiben und sich das Licht im Wasser und in der Folie spiegelt.

3 Leuchtturm

Eine Stabtaschenlampe läßt sich ganz einfach in einen Leuchtturm verwandeln:

— Aus Transparentpapier oder weißem Schreibpapier einen Streifen schneiden, der in der Länge etwa dem Umfang der Taschenlampe entspricht. Breite: 10 cm.

— In den Papierstreifen Fenster schneiden und eventuell mit farbigem Transparentpapier wieder zukleben.
— Den Streifen wie einen Lampenschirm um die Leuchtfläche kleben.
— Wenn Sie die Lampe anschalten, brennt im Leuchtturm ein schönes Licht.

4 Von Pappenheimern und Schattenfiguren

Die Pappenheimer sind aus schwarzem Zeichenkarton geschnittene Figuren, Menschen oder Tiere. Sie haben lange oder kurze Nasen, ein spitzes oder rundes Kinn, wenig oder viele Haare usw. Die Pappenheimer bestehen nur aus Gesichtern, die im Profil zu sehen sind, und Hals. An jeder Figur einen Streifen stehen lassen. Den Streifen zu einem Ring umbiegen, so daß der Pappenheimer auf einen Finger paßt.
Nun kann mit den Fingerpuppen gespielt werden: Zuerst setzen Sie sich zwei, drei Figuren-Ringe auf die Finger und spielen an der Tischkante mit ihnen Theater: Die Pappenheimer reden miteinander, machen Blödsinn oder bekämpfen sich sogar. Dann werden die Rollen getauscht: Jetzt sind die Enkelkinder an der Reihe.
Lustig ist ebenfalls ein Minischattentheater für die Fingerfiguren: in einen Pappkarton ein Loch, etwas kleiner als ein Papiertaschentuch, schneiden. Das Loch mit einem Papiertaschentuch zukleben. Den Karton vor eine Nachttischlampe stellen, die das Taschentuch anstrahlt. Zwischen der Lichtquelle und der Taschentuchbühne findet nun die Schattentheatervorstellung statt.

5 Königliche Hände

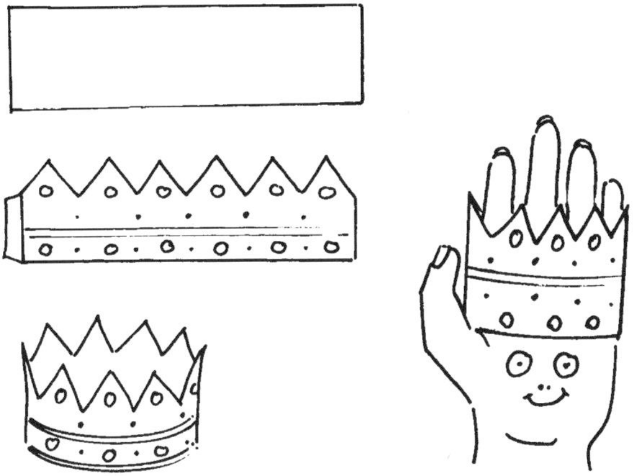

Jetzt können Sie die eigenen und die Kinderhände königlich schmücken: ein DIN A 4 Blatt Papier längs in der Mitte falten und an dem Falz entlang zerschneiden. In jeden Streifen Zacken schneiden und zu Ringen kleben, einen kleinen Ring, der über vier Finger einer Kinderhand paßt und einen größeren Ring, der über vier Finger einer Erwachsenenhand paßt. Die Ringe mit kostbaren Mustern und Edelsteinen bemalen, daß Königskronen daraus werden. Dann die Kronen aufsetzen: über die Finger ziehen und eine kleine und eine große Hand in König und Königin, Prinz und Prinzessin verwandeln. Zum Schluß Augen auf die Hände malen.
Variation: Sie können auch Kronen basteln, die auf Kinder- und Erwachsenenköpfe passen. Dazu einfach die Ringe größer anlegen.

6 Flaschengeist

Eine leere Bierflasche in einen Geist verwandeln: auf einen Bogen Schreibpapier ein wüstes Monster mit Zottelhaaren und Vampirzähnen malen. Das Untier ausschneiden und auf eine leere Flasche kleben. Das Flaschenmonster jault und jammert, wenn es draußen im Wind steht. Und so bringt man es dazu:
Sie stellen die Flasche mit Strohhalm in den Wind. Der Wind fängt sich in der Flasche und tönt und heult. Das ist zu hören, wenn man mit dem Ohr ganz nahe an die Flasche herangeht.
Wer mehrere Flaschenmonster nach draußen stellt, kann damit ein wildes Geheule veranstalten.

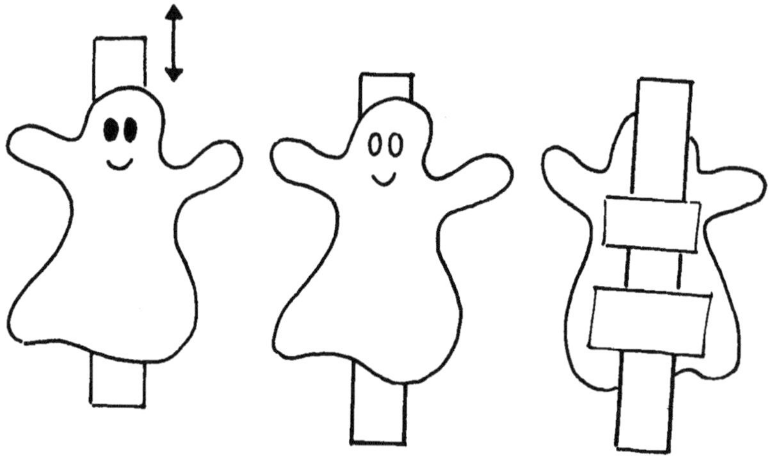

7 Gustav mit den Schlafaugen

Gustav ist ein Gespenst — ein überraschend lebendiges Pappgespenst. Und das Überraschende an Gustav ist: obwohl aus Papier, kann er die Augen öffnen und schließen. Und zwar so: Sie zeichnen auf Zeichenpapier ein Gespenst mit besonders großen Augen. Dann schneiden sie die Augen aus, legen einen Papierstreifen unter die Augenhöhlen und malen die Gespensteraugen auf den Streifen. Wird der Streifen unter den Augenhöhlen auf und ab bewegt, öffnet und schließt das Gespenst seine Augen. Stabiler wird das Papierspielzeug, wenn Sie den Streifen auf der Rückseite des Gespenstes befestigen: Zwei Papierlaschen über den Streifen kleben.

8 Geisterstrippe

Eine Bastelei, die sich ganz schnell in die Tat umsetzen läßt:
Aus Doppelbögen Zeitungspapier jede Menge Geister schneiden mit großen Augenhöhlen oder kleinen, mit Zackenärmeln oder Fransenbeinen, mit Struwwelhaaren oder Spitzhut.
Spannender wird das Spiel, wenn jeder für sich schnipselt und Geister herstellt.
In der einen Zimmerecke Großmutter und (oder) Großvater, in der anderen das Enkelkind.

Dann gibt's eine Geisterausstellung: Sie hängen abwechseln die Schauergestalten an eine Wäscheleine. Nach und nach hängt eine ganze Gespenstergesellschaft an der Strippe.

9 Himmelbett für Tiere

Ein Schuhkarton kann zum Himmelbett werden: In die vier Seiten des unteren Teils des Kartons vier große Fenster schneiden, die nicht ganz bis zum Boden reichen.
Den Karton bemalen, zum Beispiel Punkte, Streifen oder Muster auf die restliche Pappe zeichnen. Nun über den Karton einen Streifen Stoff legen: Himmel und Vorhang für das Bett. Möglichst

dünnen Stoff verwenden, der Licht durchläßt. Den Stoff mit Klebeband am Karton befestigen. Den Karton innen mit ein paar Stoffresten auspolstern. Fertig ist das Himmelbett: Ihr Enkelkind kann kleine Stofftiere oder Puppen im Karton zur Ruhe legen.

10 Eckhäuser

Wieder aus Pappe entsteht eine Siedlung: mehrere gleich lange und gleich breite Streifen ausschneiden und in der Mitte knicken. Auf die Pappe Häuser malen, jeweils die Vorder- und Rückfront eines Hauses. Den Dachgiebel ausschneiden. Und dann zusammen mit dem Enkelkind eine Stadt bauen:

Sie bauen Häuserblocks mit kleinen oder größeren Innenhöfen aus den Winkelhäusern, schneiden eventuell noch Türen und Tore ein oder bauen Straßenfronten in einer Zickzacklinie.

11 Mini-Puppenstube

Aus einem Schuhkarton wird ein kleines Puppenhaus. Die Inneneinrichtung sieht so aus: Den Karton mit Geschenk- oder bemaltem Papier bekleben.

In den Boden des Kartons (Rückseite der Puppenstube) und die Seitenwände ein oder zwei Fenster schneiden.Außen wird das Haus, sprich der Karton, bemalt: Die Hauswand schmücken Blumen oder Blumenkästen, die unterm Fenster hängen.

Eine Buntstift-Katze sonnt sich vor dem Haus. Schließlich läßt sich das Flachdach in eine Dachterrasse verwandeln: vier Papierstreifen ums Puppenstubendach als Terrassenmauer kleben. Einen Papierstreifen aufschneiden und eine Treppe, einen zur Ziehharmonika gefalteten Papierstreifen, ankleben.

12 Selbstgemachte Knete

Mit Knete spielen macht Spaß. Das Vergnügen wird verdoppelt, wenn die Knete auch noch selbst hergestellt werden kann. — Außerdem ist sie garantiert ungiftig.
In der Küche läßt sich das gut machen — ohne großen Zeitaufwand, ohne großes Durcheinander.

Rezept
400 g Mehl
200 g Salz
2 EL Alaunpulver aus der Apotheke
4 EL Öl
1/2 l Wasser
Mehl, Salz und Alaunpulver mischen. Das Wasser erhitzen und zusammen mit dem Öl an die Mehlmasse geben.
Das Ganze mit dem Knetwerk eines Handrührgerätes vermischen. Zum Schluß die Knete in kleinere Portionen aufteilen. Jede Portion mit einer anderen Lebensmittelfarbe färben. Die Farbe mit dem Teig verrühren. Und dann kann's losgehen!
Was Sie zusammen mit Enkelkindern daraus machen können:

- Schnecke mit Schneckenhaus (für Kinder im Vorschulalter).
- Kullermännchen: Knetkugeln mit Punkt-Punkt-Komma-Strich-Gesichtern. Augen, Nase, Mund mit Streichholz eindrücken oder einritzen. Arme und Beine aus Knete machen (für Kinder im Vorschulalter).
- Tiere aus dem Zoo: Känguruh, Bär, Elefant... (für Schulkinder).
- Riesen und Zwerge (für Schulkinder).

13 Schuhkartonkino

Schuhkartons, die es in jedem Schuhgeschäft kostenlos gibt, bieten vielseitige Bastelgrundlagen. Diesmal soll daraus ein Kino

entstehen. Eine aufwendigere Bastelei, die sich jedoch in Etappen verwirklichen läßt.

Erster Schritt: Einen Schuhkarton besorgen. In eine Längsseite des Kartons (unterer Teil) ein großes Fenster schneiden. In den Schuhkartondeckel rechts und links zwei runde Löcher schneiden. Durchmesser pro Loch: etwa 5 cm.

Zweiter Schritt: Den Film herstellen. Einen ellenlangen Papierstreifen zusammenkleben und möglichst viele Film-Bilder in Kartonfenstergröße auf den Streifen malen. Ein Bild ans andere reihen. Das linke Ende des Filmstreifens an eine Haushaltspapierröhre kleben, das Papier aufrollen und das rechte Ende an eine zweite Haushaltspapierröhre kleben.

Dritter Schritt: Den Film ins Kino bringen. Den Deckel vom Karton abnehmen. Die Röhren samt Film in den Karton stellen.

Den Deckel wieder auf den Karton setzen und dabei die Röhren durch die Löcher im Deckel schieben, so daß sie oben herausschauen.
Vierter Schritt: Den Film einem Publikum vorführen:
Sie drehen den bemalten Streifen von der einen Röhre ab.

Ihr Enkelkind dreht den Streifen auf der anderen Seite wieder auf.

Der Film läuft ab: Ein Bild nach dem anderen taucht im Kartonfenster auf und verschwindet wieder.

14 Riesenhut für Zwerge

Aus Karton eine lange Röhre drehen und zusammenkleben. Aus Karton einen Ring schneiden in Kinderkopfgröße. Den Ring als

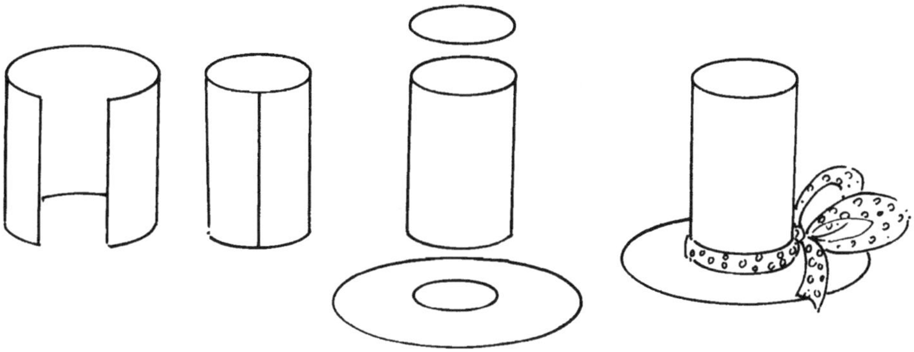

Hutrand unter die Röhre kleben. Aus Karton eine Scheibe schneiden, die im Durchmesser der Röhre entspricht. Die Scheibe auf den Hut kleben. Bänder zum Binden an den Hut klammern oder nähen.

Mit dem Hut auf dem Kopf fühlt sich jedes kleine Enkelkind gleich riesengroß.

15 Eine alte Schachtel läuft Ski

Aus einem kleinen Karton, zum Beispiel aus einem Seifenkarton, kann leicht eine Skiläuferin werden.
Die Verwandlung geht so: Die Schachtel mit Papier bekleben und dann bemalen: Bluse mit Knöpfen aufmalen, Gürtel und Hose mit

Hosentaschen auf die untere Hälfte der Schachtel, auf die obere Gesicht und Haare. Dann die Skiläuferin auf Skier aus Pappe kleben und zwei Pappstreifen als Stöcke ankleben. Zuletzt bekommt sie ein Papiertuch als Kopftuch, das um die Schachtel gebunden wird. Im Winter bei Eis und Schnee können Sie zusammen mit Ihrem Enkelkind eine eisglatte Piste für die Skiläuferin bauen und sie fahren lassen.

16 Das Schuhkarton-Parkhaus

Einen Schuhkarton umdrehen. Große und kleine Torbogen einschneiden. Vom Deckel die Umrandung einschneiden, die kurzen

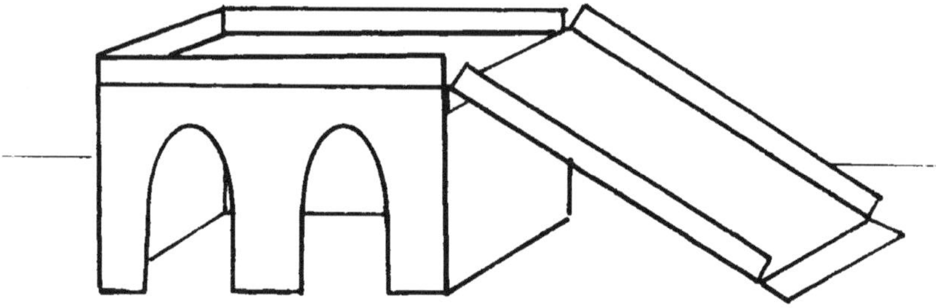

Seiten nach unten biegen. Den Deckel als Rampe an den Schuhkarton kleben. Papierstreifen als Brüstungen um das Parkdeck kleben. Und nun sausen die Matchbox-Autos in ihre Boxen.

17 Autoverkehr auf der Zahnpastaschachtel

Eine Zahnpastaschachtel können Sie mit Pappstreifen und Papier in eine Brücke verwandeln. In die Schachtel zwei Bögen schneiden. Den Schachtelboden unter den Brückenpfeilern stehenlassen. An den Schmalseiten der Zahnpastaschachtel zwei Pappstreifen als Rampen ankleben, auf der Brücke Pappstreifen

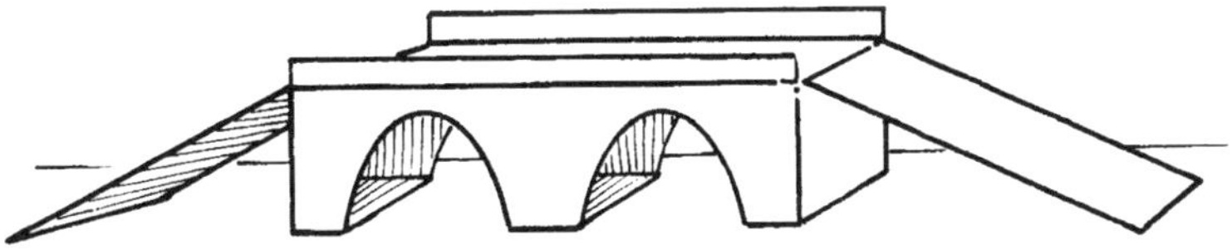

als Brüstungen. Zum Schluß das Bauwerk bemalen oder mit bemaltem Papier bekleben.

18 Kullerbahn aus Packpapier

Sie brauchen einen etwa 16 cm breiten, möglichst langen Streifen Packpapier, aus dem Sie eine lange Röhre machen: Das Papier aufrollen, mit Klebeband zusammenkleben. Die Röhre mit den Kindern zusammen bunt bemalen. Nun in die Röhre viele sanfte Kurven knicken und biegen und die Papierröhre auf ein großes Stück feste Pappe kleben. Beim Kleben darauf achten, daß es in der Kullerröhre nie aufwärts, sondern nur abwärts geht.

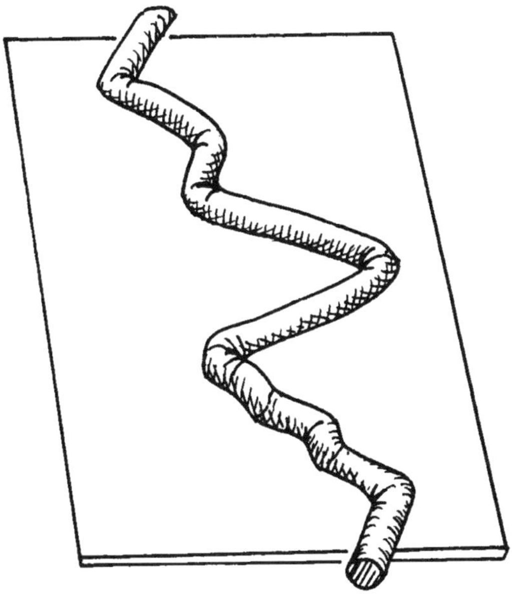

19 Pfennigrutsche auf dem Pappdeckel

Für diese Bastelei brauchen Sie einen Schuhkartondeckel. Auf den Schuhkartondeckel zusammen mit Ihrem Enkel Feld, Wald und Wiese malen und mitten durch diese Landschaft eine kurvenreiche Strecke führen.

Eine Straße, die etwas breiter als ein Pfennig ist.

Das Spiel mit der Rutsche:
Sie nehmen den Deckel in beide Hände, legen einen Pfennig auf den Startpunkt der Strecke und versuchen ihn durch Hin- und Herkippeln des Deckels über die Strecke zu bringen. Der Pfennig soll möglichst nicht über die Begrenzung des Weges rutschen.

20 Klammeraffe und Klettermaxe

Wäscheklammern interessieren Kinder. Wäscheklammernwerden an Finger gesteckt, an Vorhänge. Und verkleidete Wäsche-

klammern eignen sich noch viel besser als Spielzeug. Eine Verkleidung ist schnell gemacht: Affen oder anderes Getier auf festeres Papier zeichnen, ausschneiden, noch einmal auf Papier legen, nachzeichnen und ausschneiden. Die Teile gegengleich auf Wäscheklammern kleben, und schon klammern sich verschiedene Viecher am Finger oder am Vorhang fest.

21 Die Stadt aus dem Karton

Einen Schuhkarton können Sie ohne große Mühe in eine Spielstadt verwandeln: Den Deckel zur Seite legen. Die vier Ecken des

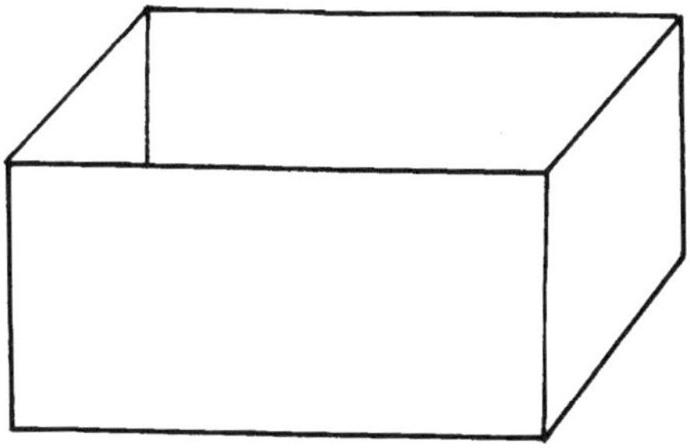

Kartons bis zum Boden einschneiden und die Seitenwände herunter klappen. Eine Längsseite entfernen. Auf die übrigen Kartonwände ganz verschiedene Häuser malen: mit spitzen Giebeln, mit Treppengiebeln, mit Walmdächern, usw. Erst die Innenseiten, dann die Außenseiten bemalen. Türen und Tore einschneiden. Zum Schluß die Seitenwände wieder hochklappen und ankleben. Mit kleinen Autos können Ihre Enkel durch diese Stadt, durch die vielen Torbögen kurven. Oder mit Papierfiguren darin spazieren gehen (Bastelanleitung siehe Nr. 22 in diesem Kapitel).

22 Jeder Papierstreifen ein anderer Typ

Sie schneiden aus Papier drei, vier oder auch mehr Streifen: 9 cm lang, 3 cm breit. Die Streifen in der Mitte knicken. Auf eine Streifenhälfte ein Männeken zeichnen. Die andere Streifenhälfte

als Steg so nach hinten biegen, daß das Männeken steht.
Eine weitere Möglichkeit, Papierfiguren zum Stehen zu bringen: Die untere, nicht bemalte Streifenhälfte abschneiden und als Steg hinter die Figur kleben.
Und noch eine dritte Möglichkeit, wie sie Figuren zum Spielen selbermachen können: Einen Streifen aus Papier schneiden, etwa 5 cm breit und etwa 8 cm lang. Mitten auf den Streifen zum Beispiel einen Jungen zeichnen. Einen Jungen ohne Arme. Dann den Streifen aufrollen und zusammenkleben. Arme und Hände auf Papier zeichnen, ausschneiden und ankleben.

23 Das Käseschachtelkarussell

Sie brauchen eine leere runde Käseschachtel. Mitten in die Käseschachtel ein bleistiftgroßes Loch schneiden oder bohren. Einen langen Bleistift durch das Loch stecken. Die Käseschachtel muß ganz fest auf dem Bleistift sitzen. Die Schachtel mit bunten (Zeitschriften-)Papierfetzen bekleben. Auf Papier Tiere malen, zum Beispiel einen Löwen, eine Ente, ein Nilpferd. Alle Tiere in der gleichen Größe malen. Die Tiere ausschneiden. Unten einen Klebesteg stehen lassen.

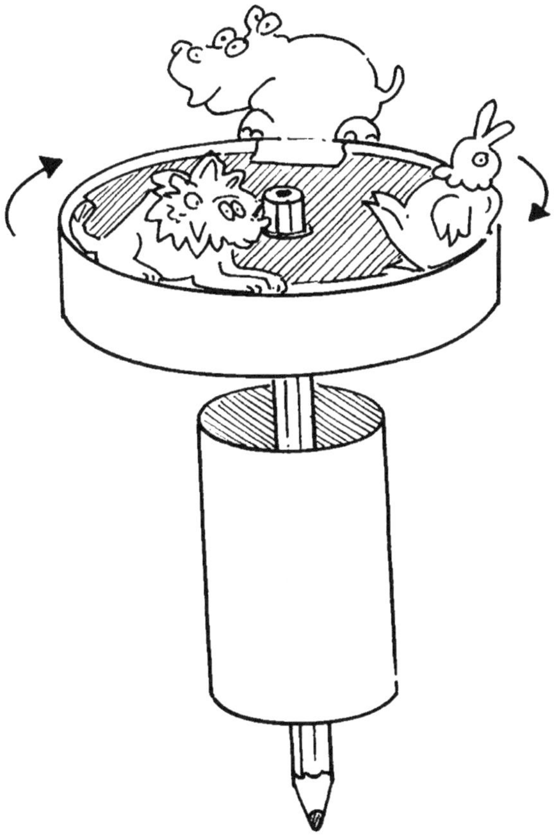

Die Tiere rund herum auf die Käseschachtel kleben. Dann kann die Karussellfahrt in Gang kommen: Sie nehmen eine Pappröhre in die linke Hand, stecken den Bleistift in die Röhre und drehen ihn dann mit der rechten Hand. Die Käseschachtel liegt auf der Pappröhre und dreht sich im Kreise wie ein Tierkarussell.

24 Schachtelbillard

Sie brauchen einen Schuhkartondeckel. An die Deckelumrandung sechs rote Dreiecke kleben, deren Spitzen über die Umrandung hinausragen. Mitten auf den Deckel einen roten Punkt malen. Und dann kann gespielt werden:

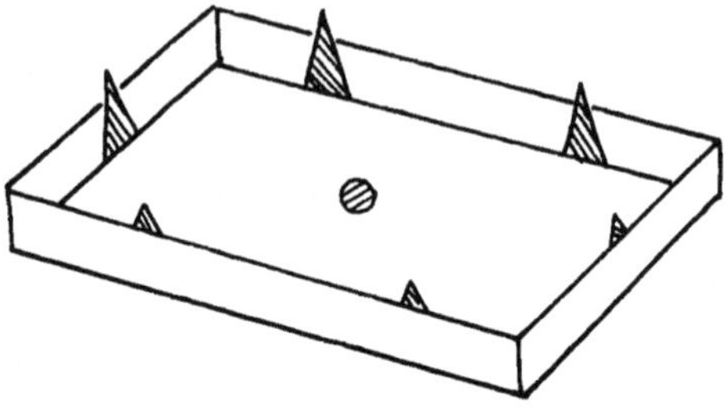

Den Deckel auf einen Tisch legen. Ihr Enkelkind beginnt, legt einen Groschen auf den roten Punkt, schnipst den Groschen mit dem Zeigefinger gegen die Umrandung des Spielfeldes und versucht dabei, eins der roten Dreiecke zu treffen. Dann sind Sie an der Reihe. Wer trifft, bekommt einen Punkt. Gewonnen hat, wer am Ende die meisten Punkte einkassiert hat.

Wie wäre es zu mehreren mit einem Billard-Turnier?

25 Höhle für Wassermänner

Sie brauchen Karton oder festes Papier (zum Beispiel Packpapier), 25 cm breit und ca. 45 cm lang. Eine Papierseite mit Wasserfarben in blaugrünen Tönen bemalen oder mit (Zeitschrif-

ten-)Papierfetzen in den gleichen Farben bekleben. Wenn die Farben getrocknet sind, aus dem Karton oder dem Papier eine Röhre rollen und zusammenkleben (Farbseite nach innen).

Die Röhre auf einer Seite mit hellgrünem oder hellblauem Transparentpapier zukleben.

Auf Papier mit Filzstiften Fische, Felsen, Unterwasserpflanzen malen und kleine, große, dicke und dünne Wassermänner. Alles ausschneiden — eine Klebelasche am unteren Rand stehen lassen. Alle Formen und Figuren innen in die Röhre kleben. Wenn Sie die Röhre vor die Augen halten und in eine Lichtquelle schauen — am besten geht es, wenn es rundherum dunkel ist —, werden die Wassermänner fast lebendig zwischen den Fischen und Felsen.

26 Gespenstische Fingernägel

Aus Alufolie und (oder) Transparentpapier und (oder) bemaltem Schreibpapier drehen und kleben Sie lange, sehr spitze Hütchen, die Sie sich und Ihrem Enkelkind auf die Finger setzen. Dann drehen und biegen Sie die Fingernägel — mal nach innen, mal nach außen.

Mit dieser Gespensterhand greifen, streicheln oder tasten, ist alles andere als einfach.

27 Tanzschnur

Aus Stoffresten ein etwa 6 cm breites, 2 m langes Band nähen, klammern oder kleben.

Das Band an einen Stock nageln oder binden. Den Stock in die Hand nehmen und die Schnur durch die Lüfte schwingen. Es ist

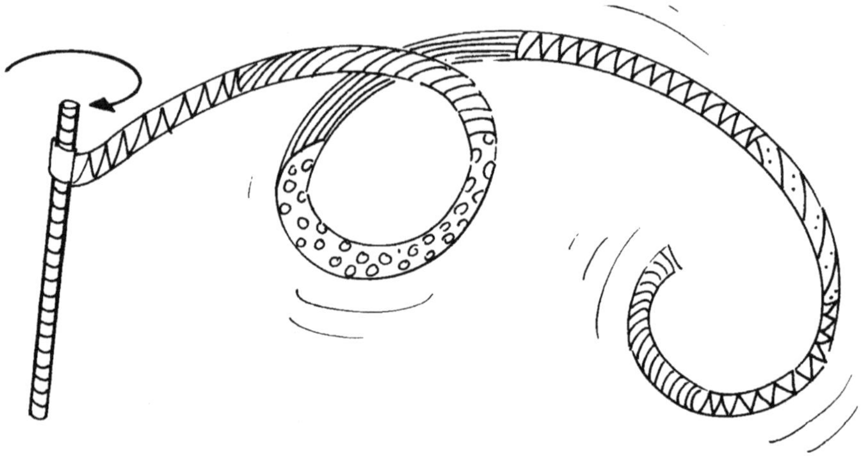

gar nicht einfach, gleichmäßige Schwünge hinzubekommen. Nicht nur Kinder, sondern auch Großmütter oder -väter müssen ein paarmal üben, bis das Kunststück klappt.

28 Flattergetier auf dem Tisch

Diese Bastelei entsteht aus Abfall. Sie müssen eine Weile Papprollen aus Klo- und Haushaltspapier sammeln. Die langen Röhren halbieren. Zusammen mit den Kindern können Sie aus den Rollen ganz verschiedene Vögel entstehen lassen: Augen,

Schnabel, Gefieder mit Filzstiften aufmalen. Flügel auf Papier zeichnen, ausschneiden (mit Klebelaschen) und an die Rollen kleben.
Ein Spiel mit den Pappvögeln: Die Vögel in einigem Abstand voneinander auf einem Tisch aufstellen und dann abwechselnd von der Tischkante aus versuchen, einen der Vögel mit einer kleinen Papierkugel (geknüllter Papierfetzen) zu treffen. Für jeden Treffer gibt's einen Punkt. Für ältere Kinder wird das Spiel spannender, wenn Sie versuchen, in die Rollen hineinzutreffen.

29 Ballon-Ede

Sie blasen einen Luftballon auf und basteln einen Hut für den Ballon: Aus Packpapier einen 10 cm breiten und 20 cm langen Streifen schneiden und verzieren:
Mit Filzstiften Punkte, Herzchen oder Streifenmuster aufmalen. Den bemalten Streifen aufrollen und zusammenkleben (Bemalung nach außen). Die Rolle mit einem Kreise aus Papier zukleben und einen Ring aus Papier als Hutrand unter die Rolle kleben. Den Hut mit Klebeband auf dem Luftballon befestigen. Zum Schluß noch zwei Kreis aus weißem Papier schneiden, die Kreise mit schwarzem Filzstift umranden, Kulleraugen in die Kreise malen und sie mit Röllchen aus Klebestreifen auf den Luftballon pappen. Den Herrn mit Mini-Hut an eine Strippe binden.

30 Burg mit Pappwänden

Sie brauchen einen nicht zu kleinen Pappkarton, mindestens einen Schuhkarton. Den Boden und die vier Seitenwände stehen lassen,

den Kartondeckel entfernen. Mit einem scharfen Messer Zinnen in den Karton schneiden, dazu Fenster und Tore. Burgbewohner aus Papier basteln (siehe Nr. 22 in diesem Kapitel)

31 Seifenschachtelzoo

Sie sammeln Seifenschachteln und andere kleine Schachteln und machen einen Zoo daraus. Das geht schneller als gedacht:

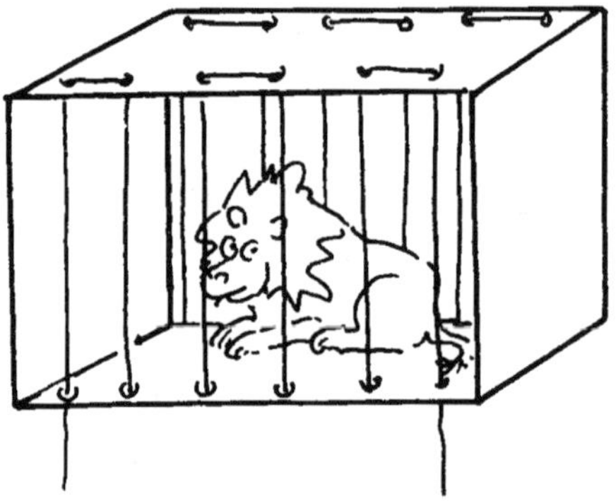

Zusammen mit den Kindern Tiere für den Zoo malen und ausschneiden. Oder Tierbilder aus Zeitschriften ausschneiden. Dann entfernen Sie Schachteldeckel oder Schachtelboden und bekleben die Schachteln von außen und innen mit farbigem Papier. Zum Schluß kleben Sie die Tiere in die Schachteln und nähen mit einer dicken Stopfnadel dicke Wollfäden im Abstand von 2 cm als Gitter vor die Schachteln.

32 Wüsteneisenbahn

Sie brauchen einen Pappdeckel, zum Beispiel einen Schuhkartondeckel. Aus dem Deckel entsteht Wüste: Auf Zeichen- oder Malpapier jede Menge Sand malen und ein paar Kakteen. Dann am rechten und linken Rand des Deckels Löcher bohren. Durch die Löcher einen Bindfaden ziehen. Den Bindfaden stramm ziehen und auf der Rückseite verknoten. Jetzt kommt die Wüsteneisenbahn an die Reihe: Zwei kleine Lokomotiven und zwei Eisenbahnen auf etwas festeren Karton zeichnen. Lokomotiven und Wagen ausschneiden und mit Klebeband auf den Bindfaden heften, den Sie über den Deckel gespannt haben. Der Zug bewegt sich von links nach rechts oder von rechts nach links durch die Wüste, wenn Sie am Bindfaden auf der Rückseite ziehen.

33 Bilderkreisel

Sie brauchen für diese Bastelei einen runden Bierdeckel und einen kurzen, gespitzten Stift. Zuerst bekleben Sie den Bierdeckel auf beiden Seiten mit weißem Papier. Dann den Kreis in 6 Felder einteilen und die Kreisrundungen abschneiden. In jedes Feld ein anderes Minibild zeichnen: ein Haus, einen Baum, ein Schiff, eine Katze, eine Blume und einen Tisch.
Dann mitten in das Sechseck mit der Spitze einer Schere ein Loch bohren. Durch das Loch den Stift stecken. Fertig ist der Kreisel zum Spielen:
Den Kreisel kreiseln lassen. Zuerst setzt ihn der jüngste Mitspieler in Bewegung, denkt sich dann eine Geschichte aus zu dem Bild, auf das der Kreisel schließlich kippt, und erzählt sie. Dann ist der nächste an der Reihe.

34 Luftschlangenfabrik

Aus einem Bogen Schreibpapier entsteht eine Riesenluftschlange. Auf das Papier mit Filzstiften verschiedene kleine Muster zeichnen: Punkte, Streifen, Kringel usw. Die Vorder- und Rückseite des Papiers bemalen. Zum Schluß zerschneiden Sie das Papier so, daß eine lange Schlange daraus entsteht.

35 Quadratlatschen

Sie brauchen zwei Schuhkartons in gleicher Größe ohne Deckel. Die Kartons mit Papier zukleben, so daß ein Schlupfloch offenbleibt. Mit diesen „Überschuhen" können Enkelkinder als Pippi Langstrumpf durch die Wohnung ziehen:
Auf Socken in die Kartons wie in Slipper schlüpfen und dann versuchen, mit den Riesenschuhen vorwärts zu kommen.

36 Ordensverleihung

Eine schöne Papierorden-Kette soll der besten Oma verliehen werden. Dazu basteln Opa und Enkel: Die Umrisse eines Eierbechers auf Papier nachzeichnen und viele Kreise ausschneiden. Die einzelnen „Orden" mit Filzstiften bemalen: Herzchen, Punkte,

Dreiecke, Wappen, Tiere oder Inschriften. Alle Kreise lochen oder Löcher mit der Nagelschere hineinschneiden und auf einen Bindfaden ziehen. Den Faden verknoten. Dann geht's zur Ordensverleihung.

37 Postkartentheater

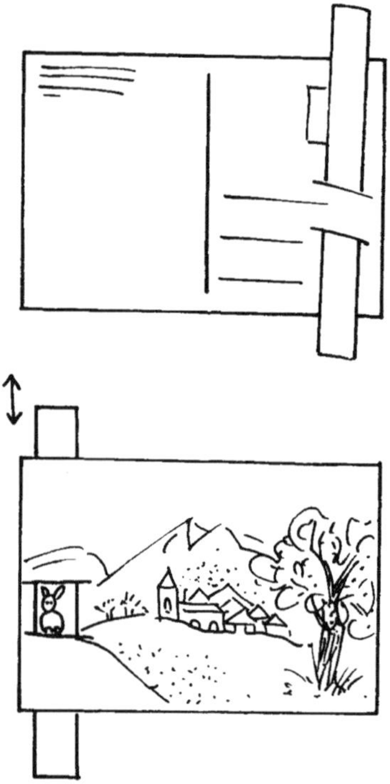

Grundmaterial ist eine Ansichtskarte. In diese schneiden Sie an einer passenden Stelle im Abstand von 4 cm zwei parallele Schlitze. Dann schneiden Sie aus Karton einen etwa 10 cm langen Streifen — etwas schmaler als die Schlitze — und fädeln den Streifen von hinten nach vorne durch die Schlitze. Sie malen auf den Papierstreifen zum Beispiel einen Hasen. Dann ziehen Sie den Streifen ein Stück weiter und malen einen zweiten. Oder auch noch einen dritten. Wenn Sie an dem Streifen ziehen, hoppeln die Hasen durch die Karte.

38 Pusteblumen

Eine ganz einfache Sache, die sich schnell verwirklichen läßt.

Sie schneiden zwei 10 cm lange und 5 cm breite Streifen aus Papier. Auf jeden Streifen malen Sie nun eine Menge Blümchen und kleben aus den Streifen zwei gleich große Rollen. Die beiden Rollen legen Sie nebeneinander an die Tischkante und pusten sie zusammen mit Ihrem Enkelkind um die Wette von einem Tischende zum anderen.

39 Der Schachtelvampir

Sie brauchen eine Schachtel in der Größe einer Kosmetik- oder Seifenschachtel.
Die Schachtel oben aufschneiden, dann innen und außen mit farbigem Papier bekleben — zum Beispiel mit Geschenkpapier oder bunten Papierfetzen aus Zeitschriften. Jetzt brauchen Sie noch ein Stück Pappe, etwa 20 x 20 cm groß.

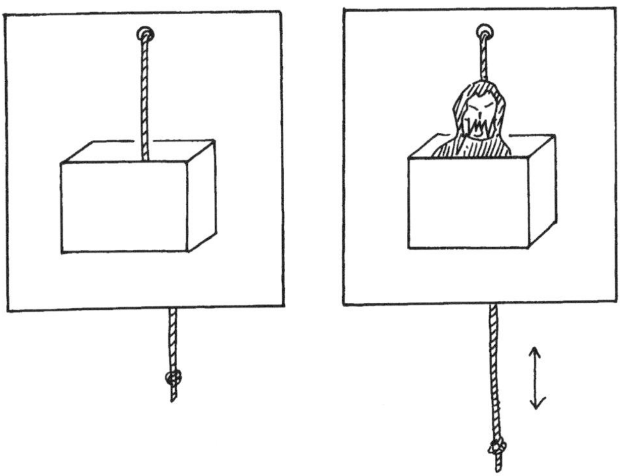

Die Pappe mit buntem Papier bekleben. Die Schachtel auf die Pappe kleben. Nun kommt der Vampir in die Schachtel: Einen gruselig schönen, kleinen Vampir auf Karton zeichnen (Vorder- und Rückseite), ausschneiden, an einen längeren Faden hängen und in die Schachtel stecken. In die Pappe über der Schachtel ein Loch bohren. Den Faden, an dem der Vampir hängt, durch das Loch ziehen. Und dann mit dem Vampir spielen:
An der Strippe auf der Rückseite der Pappe ziehen, und der Vampir kommt aus der Schachtel gekrochen.

40 Kasperletheater

Sie brauchen: einen leeren, weißen Joghurtbecher, farbiges Papier, einen Stoffrest, ein Stück Bindfaden, Klebeband, Alleskleber und einen Stock, den Sie von draußen mitbringen oder in einem Bastelgeschäft besorgen können. Aus dem Joghurtbecher einen Kopf machen. Farbige Papierschnitzel als Augen, Nase,

Mund und Haare aufkleben. Den Becher auf den Stock setzen und mit viel Klebeband festkleben. Den Stoff mit dem Faden um den Becher oder den Stock binden. Fertig ist die Stabpuppe!
An der Tischkante kann sie nun herumkaspern.
Wenn es noch weitere Stabpuppen gibt, zum Beispiel einen Räuber und eine Kasper-Großmutter, kann sogar eine spannende Theateraufführung stattfinden.

41 Korkenheini

Auch ein Flaschenkorken läßt sich in Null Komma nichts in eine Kasperlefigur verwandeln: Auf den Korken mit Filzstift ein Punkt-Punkt-Komma-Strich Gesicht zeichnen. Ein bemaltes Papierröllchen als Mütze auf den Korkenkasperkopf setzen und festkleben. Zuletzt den Korken auf ein angespitztes Stöckchen setzen.

42 Schachtelauto

Eine Keks-, Seifen- oder Kosmetikschachtel haben die Voraussetzungen für einen Autobus. Die Schachtel mit weißem Papier bekleben und als Bus bemalen: mit Fenstern und Fahrgästen, die im Bus sitzen, und einem Fahrer mit einer Mütze auf dem Kopf. Jetzt fehlen noch Räder: Vier Pappscheiben ausschneiden, bemalen und kleine Löcher mitten durch die Scheiben bohren. Dann Löcher für die Radachsen vorne und hinten durch den Bus bohren.

Kritzeln, stricheln, zeichnen, malen

Malspiele sind bestens geeignet als Zeitvertreib, wenn Enkelkinder bei den Großeltern zu Besuch sind. Sie machen nicht nur Spaß, sondern bringen lebhafte Kinder eine Weile zum Stillsitzen. So verschaffen sie Omas und Opas eine Verschnaufpause zwischen Toben und Blödsinn machen. Und diese Verschnaufpause brauchen Großeltern dann besonders, wenn die Enkel reichlich turbulent durch die Wohnung gequirlt sind.
Ein Malkünstler muß nicht sein, wer mitmacht. Lassen Sie sich anstecken von der Unbefangenheit, mit der sich Kinder ans Malen machen. Auf Perfektion kommt es nicht an. Ist doch egal, wenn eine Katze mal mehr nach Hund aussehen oder eine Sonne ein paar windschiefe Strahlen haben will.
Am Tisch sitzen und zusammen kritzeln und stricheln, macht nicht nur Vergnügen, sondern ist oft auch eine überaschende Erfahrung: Nicht selten werden dabei Fähigkeiten wach, die seit Schulzeiten im Verborgenen schlummerten.

43 Das Knick- und Faltspiel

Ein altbewährtes Malspiel. Sie beginnen, malen einen Kopf auf den oberen Rand eines Blatt Papiers und falten das Papier so, daß der Kopf verdeckt ist. Vorher markieren Sie Anschlußstellen für den Hals. Dann geben Sie das Papier weiter. Der nächste Spieler zeichnet nun Hals, Oberteil und Arme, faltet das Papier in der gleichen Weise wie Sie und gibt es weiter usf. Zum Schluß wird die Zeichnung auseinandergefaltet. Ziemlich komische Gestalten kommen da zum Vorschein.

44 Muster malen

Das Material hierfür sind ein Blatt Papier mit Kästchen und ein Stift. Sie malen ganz symmetrische Muster in die Karos und bauen dabei einen Fehler ein. Dann tauschen Sie das Blatt Papier mit einem Mitspieler aus, der gleichzeitig ein symmetrisches Musterbild mit Fehler gezeichnet hat. Wer zuerst einen Fehler gefunden hat, gewinnt das Spiel (s. Abb. nächste Seite).

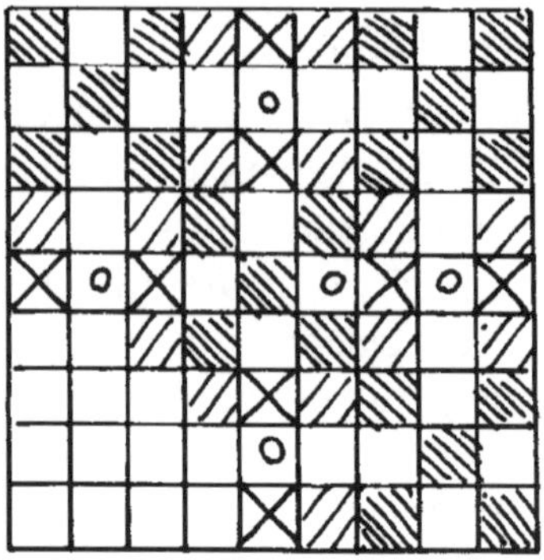

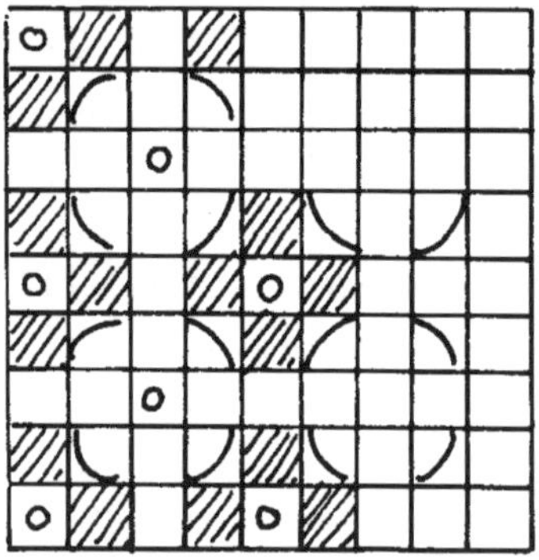

45 Rätselgeschichten

Sie schreiben ein paar Sätze auf zu einer kleinen, ausgedachten Geschichte, in der Sie einige Hauptwörter durch Zeichnungen ersetzen. Zum Beispiel:
Über die .... (Wiese) und durch den .... (Wald)
gehen wir durch den ....(Regen).
Plötzlich kommt .... (Wind) auf.
Der .... (Wind) bläst mir den ... (Hut) vom .... (Kopf).
Mein ... (Hut) fällt in eine .... (Pfütze).
Die fertige Bilder-Geschichte geben Sie an einen Mitspieler weiter, der versucht, sie zu entziffern. Und Ihnen vielleicht auch schon eine eigene Bilder-Geschichte geben mag.

46 Autolabyrinth

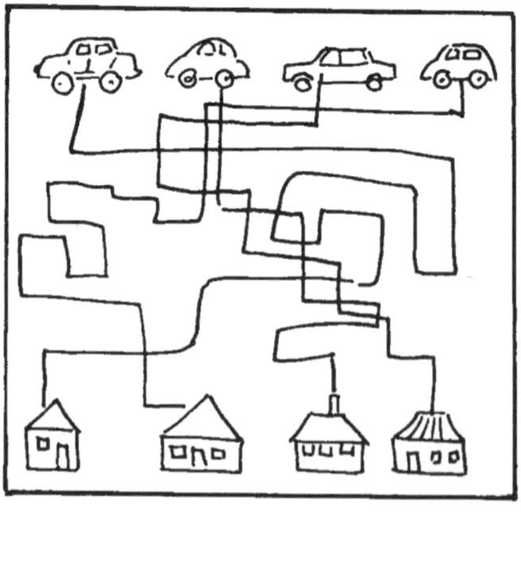

Sie zeichnen vier oder auch mehr Autos auf ein Blatt Papier und in einiger Entfernung davon vier oder auch mehr Häuser. Dann ziehen Sie zwischen dem ersten Auto und einem der Häuser eine x-mal gewundene Verbindungslinie. Anschließend verbinden Sie die anderen Autos und Häuser durch kurvenreiche Linien miteinander. Jedes Auto soll zu einem anderen Haus gehören. Zu welchem, das soll ein Mitspieler erraten, der gleichzeitig ein ähnliches Labyrinth für Sie gezeichnet hat.

47 Anziehpuppen

Als Oma und Opa Kinder waren, gab es sie in allen Variationen und mit der ausgefallensten Garderobe: Anziehpuppen. Warum

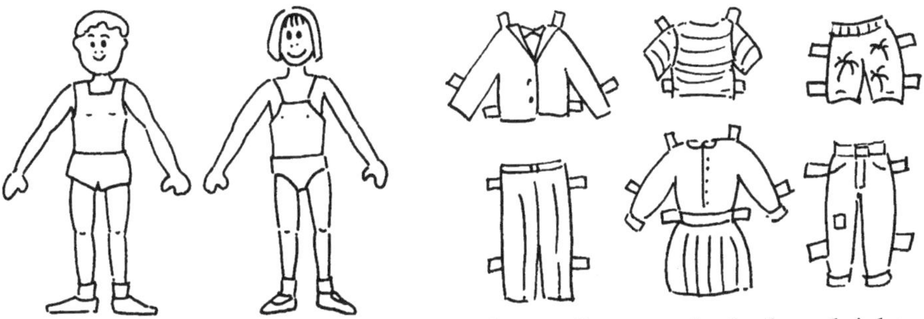

sie nicht wieder verstärkt ins Leben rufen, wo sie doch so leicht herzustellen sind? Die Kinder können die Kleidung selbst entwerfen und alles Zubehör.

- Auf dünne Pappe eine Puppe malen in Schuhen und Strümpfen. Die Puppe sollte stämmig sein, breite Schultern, dickere Arme haben, damit sich die Kleider besser festhaken lassen.
- Auf Extrakarton Hemd und Hose, Bluse und Pullover, Rock und Mantel zeichnen und was die Puppe sonst noch an Klamotten braucht. Alles in passender Puppengröße zeichnen.
- Die Puppe und ihre Kleider ausschneiden. An den Kleidern Laschen stehen lassen — sowohl seitlich als auch oben.
- Die Kleiderlaschen umbiegen und die Puppe anziehen: Hemd und Hose, Pullover und Rock verrückt kombinieren.

48 Drehbild

Sie erfinden zusammen komische Gesichter, die auf den ersten Blick ganz grimmig ausschauen und plötzlich anfangen zu grinsen, wenn man sie auf den Kopf stellt oder umgekehrt: Omagesichter, Opagesichter, Kindergesichter, Tiergesichter. Sie

können sie zusammen malen — Gesichter, die alle möglichen Fratzen und Grimassen schneiden, traurig oder wütend gucken, wenn man sie auf den Kopf stellt.

49 Fingerabdrücke

Aus Fingerabdrücken werden Männchen: Sie tupfen mit den Fingern in verschiedene Farben im Tuschkasten. Die Finger nicht befeuchten, nur die Tuschfarben mit wenig Wasser befeuchten. Dann gehen Sie mit Ihren Fingern auf einem Bogen Papier spazieren. Auf dem Papier zeichnen sich Abdrücke in den verschiedenen Farben ab. Und diese Fingerabdrücke verwandeln Sie dann gemeinsam mit Ihrem Enkelkind in eine Horde von lustigen Figuren. Mit Stiften malen Sie Nasen, Haare, Ohren, Beine und Arme an die Fingerabdruck-Figuren.

50 Bei den Eskimos

Sie stellen ein Malthema — zum Beispiel Eskimo. Daraufhin zeichnen alle Mitspieler lauter Dinge, die sie mit dem Thema Eskimo verbinden: Eisbären, Fische, Schlitten und Schlittenhunde und Iglus. Dann werden alle Einzelteile ausgeschnitten und zusammen auf ein großes Blatt Papier geklebt. Edler sieht die Gemeinschaftsarbeit aus, wenn man die Bildelemente auf farbigen Karton oder auf Tonpapier klebt.

51 Schmetterlingsbild

Ein Spiel für zwei. Sie zeichnen auf ein großes Blatt Papier die Umrisse eines großen Schmetterlings mit vier Flügeln. Sie malen zum Beispiel zuerst den Schmetterlingsflügel rechts oben mit Linien und Punkten und Ornamenten aus und Ihr Enkelkind den Schmetterlingsflügel links unten. Dann wechseln Sie die Seiten und bemalen die Flügel links oben und rechts unten. Jeder denkt sich beim Malen seine eigenen Muster aus. Zum Schluß ist ein Fantasieschmetterling mit vier verschiedenen Flügeln entstanden.

52 Packpapiermaske

Sie schneiden aus Packpapier zwei Kreise aus — einen Kreis ungefähr so groß wie Ihr Gesicht, den anderen ungefähr so groß wie das Gesicht Ihres Enkelkindes. Dann schneiden Sie in die Kreise Augenschlitze, kleine Nasenlöcher und einen breiten Schlitz für den Mund.

Dann ziehen und knoten Sie rechts und links jeweils ein Stück Bindfaden in die beiden Masken, damit man sie umbinden kann. Jetzt bemalen Sie die kleine und Ihr Enkelkind die große Maske. Sie zeichnen mit Filzstiften zum Beispiel Muster oder auch Bilder darauf, binden sich die Masken schließlich vors Gesicht und schauen sich im Spiegel an.

53 Mein Bild plus dein Bild gleich ein Bild?

Sie nehmen Ihr Enkelkind auf den Schoß, geben ihm einen Stift in die Hand, nehmen selbst einen Stift in die Hand, und dann zeichnet jeder auf einen großen Bogen Papier, was er mag. Sie zeichnen beide gleichzeitig. Dabei kommen sich die Linien in die Quere, überschneiden sich oder weichen voreinander aus. Ergibt sich ein großes Durcheinander von Linien auf dem Papier oder entstehen ganz geordnete Bilder?

54 Doppelbilder

Bei diesem Malspiel werden Bilder gleichzeitig mit der rechten und der linken Hand gemalt. Wer mitmacht, nimmt einen Stift in jede Hand, stellt sich an einen Tisch, auf dem ein großer Bogen Papier liegt und versucht, gleichzeitig zwei Häuser, zwei Blumen oder zwei Vögel zu malen. Und das ist verflixt schwierig. Zum Schluß vergleichen alle Mitspieler ihre Bilder miteinander.

55 Tröpfelbilder

Die Mitspieler nehmen einen nassen Pinsel in die Hand, der gut mit Farbe und Wasser getränkt ist. Jeder läßt Farbe aus seinem Pinsel auf Malpapier tropfen oder Farbkleckse aufs Papier spritzen. Dann werden die Spritz- und Tropfbilder ausgetauscht und mit Filzstiften bearbeitet: Die Spritzer und Tropfen verwandeln sich in kleine Krabbelviecher, in Marsmännchen oder in Blumen. Jedem fällt etwas anderes dazu ein. Zum Schluß schauen sich wieder alle gemeinsam die entstandenen Bilder an.

56 Unvollendetes

Wer mitspielt, beginnt ein Bild zu zeichnen. Einer zeichnet zum Beispiel ein Haus, an dessen Balkon eine Leiter lehnt, und gibt das Bild dann an einen Mitspieler weiter, der das Bild weitermalen soll. Was geschieht jetzt mit Haus und Leiter?
Die Bilder werden unter den Spielern hin- und hergetauscht. Einer malt dem anderen noch ein paar Dinge dazu.

57 Das Händebild

Sie legen Ihre rechte Hand auf ein großes Blatt Papier, und Ihr Enkelkind fährt mit einem Stift um die Hand herum. Dann wiederholt sich das Gleiche mit Ihrer linken Hand. Anschließend zeichnen Sie die Umrisse der Hände Ihres Enkelkindes nach. Die Hände auf dem Papier sollen sich mal mehr, mal weniger überschneiden. Zum Schluß

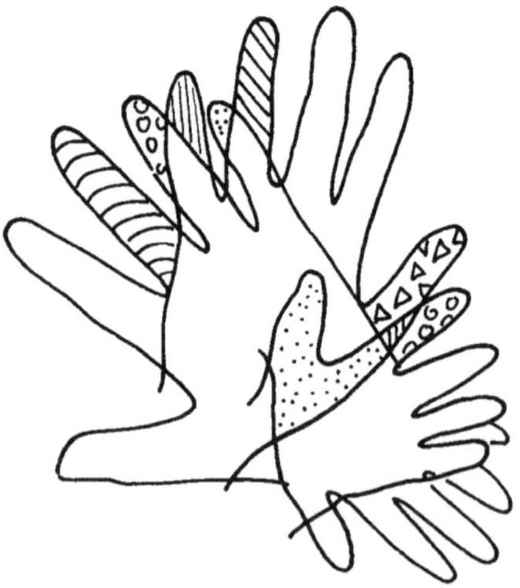

malen Sie die vier Hände, die auf dem Malpapier entstanden sind, in verschiedenen Farben und Mustern aus — jedes Feld bekommt eine andere Farbe, ein anderes Muster.

Zum Schluß sind die Hände kaum noch zu erkennen.

58 Deine Karos, meine Kreise

Sie malen zehn kleine und große Kreise mit Filzstift auf Malpapier, geben das Blatt dann an Ihr Enkelkind weiter und erhalten von ihm einen Bogen Papier mit zehn kleinen und großen Karos.

Auf „Los" geht's los: Was läßt sich aus Kreisen machen und was aus Karos?

Aus jedem Kreis und jedem Viereck soll etwas anderes entstehen.

Zum Schluß schauen Sie sich gemeinsam an, was aus den Grundformen geworden ist.

59 Malen nach Musik

Alle Mitspieler nehmen einen Pinsel in die Hand, der reichlich mit Wasser und Farbe getränkt ist. Es ist mucksmäuschenstill, jeder hört auf Musik, die aus dem Radio tönt, und malt im Takt der Musik Bögen und Striche, Kreise und Punkte auf Malpapier. Zum Schluß vergleichen alle ihre Bilder. Ähneln sie sich?

60 Zickelzackel-Linien

Ein Malspiel für zwei. Sie sitzen einander gegenüber, zwischen sich einen Zeichenblock. Sie legen Ihre rechte Hand auf die linke und Ihre linke auf die rechte Hand Ihres Enkelkindes. Das hält in beiden Händen mit Wasser und Tusche getränkte Pinsel oder dicke Filzstifte. Sie überlegen sich, was sie zusammen malen oder zeichnen wollen. Dann geht's los mit allen Händen gleichzeitig.

Nicht einfach, sich beim Malen oder Zeichnen darauf zu einigen, wo und wie es lang gehen soll.

61 Selbst- und andere Portraits

Ein Spiel für zwei. Sie setzen sich nebeneinander vor einen Spiegel und jeder zeichnet sich selbst mit Filzstiften oder Buntstiften. Oder sie sitzen einander gegenüber, zwischen sich Zeichenpapier, das Sie durch einen Strich in zwei Hälften geteilt haben. Sie zeichnen Ihr Enkelkind aufs Papier, Ihr Enkelkind zeichnet ein Portrait von Ihnen auf seine Papierhälfte.

62 Kartoffeldruck

Aus Kartoffeln lassen sich schnell und einfach Stempel schnitzen: Eine Kartoffel waschen und halbieren. Dann Stempelbilder in jede Kartoffelhälfte schneiden — zum Beispiel einen Stern und ein Herz. Plakafarbe oder Tusche im Tuschkastendeckel mit Wasser anrühren und mit einem Pinsel auf die Kartoffel auftragen. Mit den Kartoffelstempeln können Sie die Stern-, Herz- und anderen Muster nicht nur auf Papier drucken, sondern auch auf Stoff.

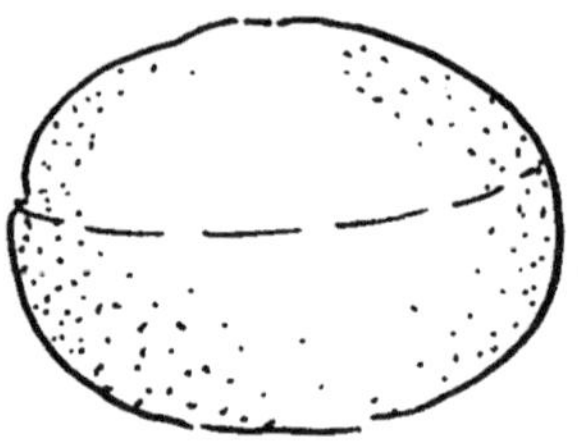

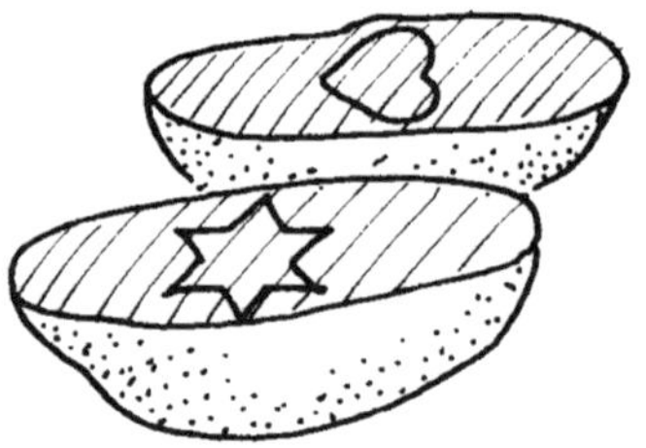

63 Blätter abdrucken

Für kleine Kinder ist dieser Vorschlag nicht geeignet, denn hier wird mit Schuhcreme gearbeitet. Zuerst werden draußen Blätter gesammelt — je ausgeprägter die Struktur der Blätter,

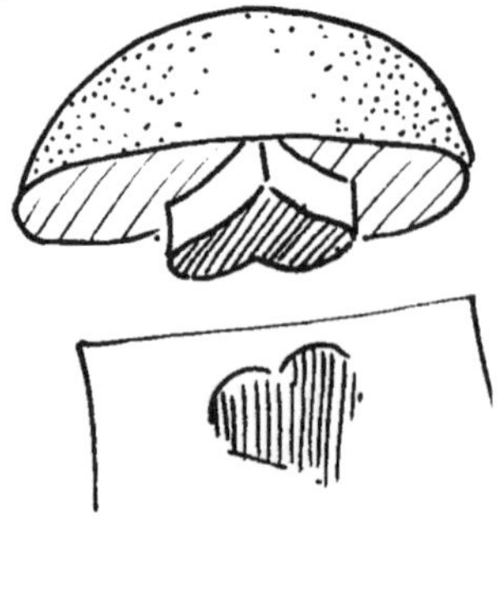

desto besser der Druck hinterher. Sie cremen vorsichtig und möglichst gleichmäßig die Rückseite eines Blattes mit Schuhcreme ein, legen das Blatt mit der Rückseite nach unten auf helles Papier, decken es mit Zeitungspapier ab und drücken das Zeitungspapier ganz vorsichtig, ganz sanft auf das Blatt. Dann ziehen Sie Zeitungspapier und Blatt behutsam vom Papier ab. Auf dem Papier ist jetzt der Abdruck des Blattes zu sehen.

64 Reibebilder

Sie legen eine Münze, einen Knopf oder ein Stück rauhes Holz zwischen ein Stück Pappe und Zeichenpapier. Dann reiben Sie vorsichtig, immer in gleicher Richtung malend, mit einem weichen, schräg in der Hand liegenden Stift über das Papier. Nach und nach zeichnet sich die Struktur der Münze, des Knopfes oder des Holzes auf dem Papier ab.

65 Pustebilder

Ein Spielerei mit Farben, für die Sie einen langen Atem brauchen. Sie klecksen Tusche mit viel Wasser auf ein großes Blatt Zeichenpapier, das zwischen Ihnen und Ihren Mitspielern liegt. Dann pusten alle, die mitmachen, durch Strohhalme auf die Farbkleckse, die dabei auseinanderspritzen. Die Mitspieler wandern um den Tisch, um das Blatt Papier mit den Farbklecksen herum und versuchen so zu pusten, daß sich die Farbschlieren treffen oder überkreuzen.

Kapitel 6

Mit Hammer und Nadel

Ums Werkeln und um Handarbeiten geht's hier. Handarbeiten — das heißt, wo die Autorin wohnt, „nesteln".

Werken und Basteln

Männersache muß das Werkeln nicht sein. Genausowenig sind die Omas Alleinbeherrscherinnen der Näh-, Strick- und Häkelnadeln. Oma wollte vielleicht schon immer mal mit Holz und Laubsäge, Hammer und Nägeln arbeiten. Und Opa will im Alter doch noch mal wissen, was sich mit Nadel und Faden alles anstellen läßt.
Die Enkelkinder finden das gemeinsame Werkeln im Keller oder Schuppen und das Fädeln und Häkeln am Küchentisch toll: Opa stopft und Oma sägt! Wenn dabei auch noch brauchbares Spielzeug entsteht, warum es nicht einfach mal probieren?

1 Der Schoßhund

Sie bringen vom Spaziergang im Park oder Wald ein paar nicht dünne Stöcke und Stöckchen und Wurzelstücke mit und bauen in Ihrer Bastelecke zusammen mit dem Enkelkind ein Gerüst, die Grundform für einen Hund daraus: Die Stöcke, Stöckchen und Wurzelstücke mit Hilfe von Klebeband aneinander- und aufeinanderpappen. Jetzt jede Menge Zeitungspapier in kleine Schnipsel reißen, mit Tapetenkleister und Wasser so verrühren, daß Pappmaché entsteht. Das zusammengeklebte Gerüst mit der zähen Papiermasse bestreichen, einen Hund daraus formen. Den Hund trocknen lassen und dann mit Plakatfarben anmalen.

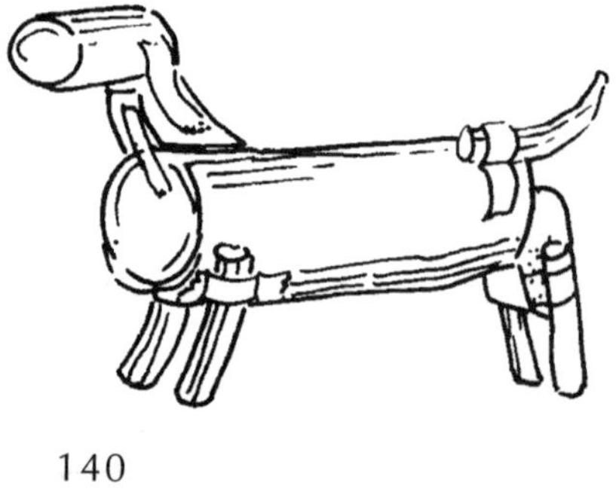

2 Kleistergespenster

Aus einem alten Bettlaken können Sie ein schönes, weißes Gruselgespenst machen. Ein Quadrat aus Stoff schneiden. Größe etwa 40 x 40 cm. Das Stoffstück anfeuchten, in Tapetenkleister tauchen, den Kleister gut durchkneten. Das Tuch auf eine Plastikunterlage legen und dann mit den Fingern vorsichtig den Stoff anheben und ein Gespenst aus dem Stoff zupfen.

3 Bauklötze

Aus einer Leiste Buchen- oder Tannenholz sind schnell Bausteine zu machen. Maß der Leiste: etwa 4 cm breit und 4 cm dick. Im Heimwerkermarkt bekommen Sie die Holzleiste oder beim Schreiner. Das Holz in 4 cm hohe Würfel zersägen und einige Würfel noch einmal diagonal halbieren. Die Schnittflächen mit Bleistift und Lineal vorzeichnen. Dann die Klötze gründlich mit Schmirgelpapier bearbeiten, mit heißem Wasser abwaschen und trocknen lassen. Das Ganze ein paarmal wiederholen bis das Holz glatt und griffig ist. Zum Schluß das Holz in verschiedenen Farbtönen lackieren.

4 Baustempel

Ein zweites Spielzeug entsteht aus einer Holzleiste. Die Leiste zersägen Sie wieder in Würfel oder auch in Rechtecke und bauen dann Stempel daraus — zum Beispiel:

- Aus dickem Bindfaden ein Haus auf den Holzklotz kleben. Dann den Stempel erst auf ein Stempelkissen drücken und dann auf Papier.
- Aus schmalen, dicken Pappstreifen ein Streifenmuster auf einen Holzklotz kleben. Und dann das Streifenmuster drucken.
- Einen Einweckring in Stücke schneiden und aus den Gummiteilen ein Auto zusammensetzen und auf einen Holzklotz kleben. Und dann das Auto drucken.

5 Der Klappbaukasten

Dieser Baukasten läßt sich aus Sperrholzbrettchen herstellen. Sperrholzabfälle bekommen Sie im Heimwerkermarkt. Die Brettchen mit Hilfe von kleinen Scharnieren oder Klavierband und den ent-sprechenden Minischrauben verbinden. Und dann das Klappgestell bemalen. Häuserfronten aufmalen oder ein Wildwestfort oder Burgmauern — zum Beispiel.

6 Würfel

Aus einer Holzleiste läßt sich auch ein Würfel in Großformat ma-chen: Einen Würfel aus einer Tannen- oder Buchenholzleiste sägen. Ecken und Kanten und Flächen mit Schmirgelpapier bearbeiten bis das Holz fest und glatt und griffig ist. Mit einem dicken Filzstift die Würfelaugen aufmalen und das Ganze farblos überlakkieren. Und dann mit dem Würfel spielen. Zum Beispiel folgendes Würfelspiel läßt sich damit machen, ein Spiel für drei oder mehr Mitspieler. Gespielt wird auf einer Treppe. Je mehr Stufen die Treppe hat, desto besser für das Spiel.
Einer macht den Spielleiter, die anderen stellen sich am Fuße der Treppe auf. Der jüngste Spieler ist zuerst an der Reihe, wirft den Würfel nicht selbst, sondern läßt den Spielleiter würfeln. Der Spielleiter wirft zum Beispiel eine 2. Daraufhin darf der jüngste Spieler zwei Stufen vorrücken. Dann ist der nächste an der Reihe. Alle Spieler wandern die Treppe einmal rauf und einmal runter. Gewinner ist, wer zuerst auf der untersten Stufe ankommt.

7 Piraten

Sie brauchen einen Besenstiel oder ein anderes Rundholz, zersägen den

Stiel in 1O cm und 15 cm lange Stücke, schmirgeln die Schnittflächen und verwandeln die Rundstücke dann zusammen mit Ihrem Enkelkind in Piraten, malen den Holzstücken mit Bunt- oder Filzstiften Gesichter auf und wilde, wüste Piratenklamotten und lackieren die Spielfiguren zum Schluß farblos.

8 Der Doppeldecker

Aus einem Holzbrett kann ein zweietagiger Bus entstehen. Maße des Holzbretts in etwa: Länge 13 cm, Tiefe 2 cm, Höhe 7 cm. Außerdem brauchen Sie für diese Bastelei noch vier Holzscheiben, Durchmesser etwa 3 cm, Stärke etwa 1 cm, und ein Vierkanthölzchen. Das Holz mit Filz- oder Buntstiften bemalen: Fenster zeichnen und in die Fenster Fahrgäste und den Busfahrer. Und dann den Bus farblos lackieren. Jetzt vom Vierkanthölzchen zwei 2 cm lange Stücke absägen. Ein Stückchen vorne als Radachse unter den Bus kleben und eins hinten. Schließlich noch mitten durch die vier Holzscheiben Löcher bohren, durch jedes Loch eine Schraube stecken, die Holzräder in die Radachsen schrauben.

9 Aststücke

Von draußen, von einem Waldspaziergang bringen Sie einen dicken Stock mit nach Hause, zersägen den Stock in etwa 1O cm lange Stücke und bearbeiten die Schnittfläche mit Schmirgelpapier. Ältere Enkelkinder können schom beim Schmirgeln helfen, jüngere können die Klötze beim Spielen mit Männchen und Bausteinen gut verwenden.

10 Laubsägemänneken

Sie regen Ihr Enkelkind an, auf Sperrholz mit Filzstiften oder Buntstiften einen großen Clown zu zeichnen, sägen den Clown mit einer Laubsäge aus und lackieren ihn. Dann kleben Sie die Figur auf ein Stück Leiste. Aus dem Clown ist eine Stabpuppe geworden. Das Spielen mit der Stabpuppe wird interessanter, wenn Sie zusammen mit Ihrem Enkelkind noch weitere Figuren fertigen — zum Beispiel noch einen zweiten Clown und einen Hund. Auch ohne Kasperlebühne läßt sich mit diesen Stabpuppen

Theater machen: Ihr Enkelkind hockt zum Beispiel hinter einem Tisch und läßt die Clowns auf der Tischkante herumkaspern.

11 Paradiesvögel

Sie zeichnen zusammen auf Sperrholz große und schöne Paradiesvögel mit riesigen Schwingen, mächtigen Schnäbeln und gemustertem Gefieder. Dann sägen Sie die Paradiesvögel mit der Laubsäge aus und kleben jeden Vogel auf eine extra Holzleiste. Das Ganze zum Schluß noch lackieren. Und dann die Vögel in den Sandkasten stecken. Oder im Winter in den Schnee.

12 Zigarrenschachtel-Puzzle

Eine kleine Sperrholzplatte wird von Ihrem Enkelkind mit Buntstiften bemalt, mit Filz- oder Wachsmalstiften. Dann zersägen Sie das Gemälde in viele Einzelteile: in Puzzlesteine. Ihr Enkelkind zeichnet Ihnen die Schnittlinien vor. Die Puzzleteile zum Schluß noch lackieren, dann in einer Zigarrenschachtel verstauen (oder auch in einer anderen haltbaren Schachtel) und nach einiger Zeit wieder hervorkramen und zusammensetzen, was später gar nicht mehr so einfach ist ohne Vorlage.

Nähen und Nesteln

Spielzeug aus Stoff ist warm und weich und deshalb bei kleinen Kindern besonders beliebt. Die größeren haben vielleicht schon Lust mitzumachen beim Nähen und Nesteln.
Ein Meister der Näh-, Strick- oder Häkelkunst muß man nicht sein, um die folgenden Ideen in die Tat umzusetzen. Die Nähmaschine kann bleiben, wo sie ist. Das bißchen Nähen ist auch mit der Hand zu machen. Und komplizierte Strickmuster müssen Sie auch nicht können, wenn Sie sich zusammen mit Enkelkindern ans Handarbeiten machen.

13 Die Trudel

Aus einem einfarbigen, möglichst hellen Stoffrest schneiden Sie ein Rechteck von ungefähr 30 x 60 cm und umsäumen es. Mitten auf den Stoff legen Sie nun ein Wollknäuel oder ein paar Flicken, wickeln das Ganze in den Stoff ein und binden den Stoff rechts und links mit Band oder Wollfäden ab.
Aus dem Stoffknäuel in der Mitte wird Trudels Gesicht: mit Filzstiften ein paar Ponys, Augen, Nase, Mund und die Zöpfe, die rechts und links herunter baumeln, aufzeichnen.

14 Wattetier mit Stecken

Aus einfarbigem Stoff nähen Sie einen Sack in Turnbeutelgröße und zeichnen einen Fantasietierkopf mit Filz- oder Stoffarbenstiften darauf: Augen, Nase, Schnauze. Oder sie nähen Stoffpunkte, Stoffstreifen als Augen, Nase, Schnauze auf. Der Sack wird mit Watte ausgestopft und die beiden Zipfel des ausgestopften Beutels mit Bindfaden abgebunden. Dann stecken Sie in den Sack einen Stock, den Sie von draußen mitgebracht haben, oder einen halbierten Besenstiel hinein und binden den Sack daran fest. Die Jüngeren unter den Enkelkindern können das Wattetier als Stekkenpferd gebrauchen.

15 Handschuhmolli

Sie legen eine Kinderhand auf ein Stück einfarbigen Stoff, die Finger dicht beieinander, den Daumen angelegt, und zeichnen den Umriß mit einem Stift auf dem Stoff nach. Der Stoff sollte nicht zu dünn sein. Die markierte Fläche zweimal ausschneiden und die beiden Muster so zusammennähen, daß ein Fäustling ohne Daumen entsteht.

Auf den Fäustling eine Figur ohne Füße, zum Beispiel einen Clown, zeichnen. Die Figur können Sie auch aus Stoffresten aufnähen. Dann zwei Löcher in die Spitze des Fäustlings schneiden und mit dem Handschuh spielen: den Handschuh anziehen, Zeigefinger und Mittelfinger aus dem Handschuh strecken, den Clown so auf die „Füße" stellen und dann lostippeln — quer über den Tisch.

16 Schleuderschlingerjule

Sie nähen wieder einen Sack aus Stoff — halb so groß wie ein Turnbeutel. Auf den Sack sticken Sie eine Jule oder zeichnen ein kleines Mädchen, oder Sie kleben ein kleines Mädchen aus Stoffresten, Filz eignet sich besonders gut. Dann stopfen Sie den Sack mit Watte oder mit Stoffresten aus, binden und knoten ihn gut zu und befestigen ein langes Band als Schlaufe an dem Sack. Und jetzt wird Karussell gefahren: Ihr Enkelkind nimmt die Schlaufe fest in die Hand, an der der Sack baumelt, und schleudert den Beutel mit der Jule mal im Kreis, mal in Form einer Acht usw.

17 Bim und Bam

Sie brauchen einen Kinderschal. Und auf den Kinderschal sticken Sie die Gesichter von Zwillingen — ans eine Schalende das Gesicht von Bim, ans andere das Gesicht von Bam. Statt zu sticken, können Sie Kreise aus Stoff mit aufgemalten oder aufgeklebten Gesichtern aufnähen.

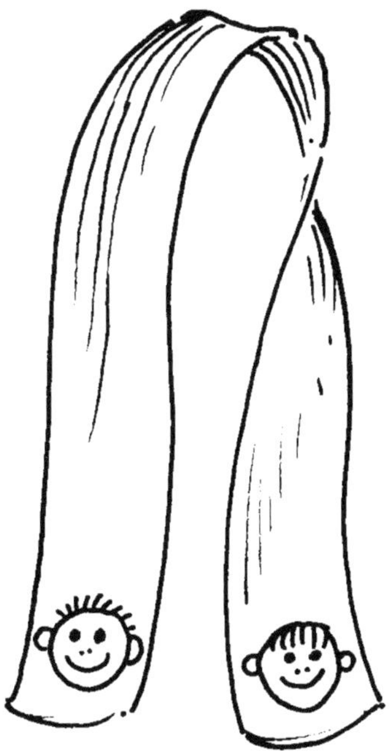

Eine dritte Möglichkeit: Einen langen Schal aus Stoff nähen, die Stoffenden umschlagen, zusammennähen, die so entstandenen Beutel mit Flicken oder mit Watte füllen, zunähen und dann auf die dicken Bommel Gesichter aufmalen oder aufsticken.

18 Wenn Enten durch die Wohnung latschen

Kinder lieben Kinkerlitzchen, zum Beispiel Hausschuhe, verziert mit Entenköpfen.

Und so kommen Entenköpfe auf Kinderhausschuhe: Sie brauchen zwei quadratische gelbe Flicken, etwa 10 x 10 cm groß. Mitten auf eines der Stoffquadrate legen Sie einen Wattebausch, binden den Wattebausch ab, schneiden Stoffzipfel ab und vernähen den Stoff. Sie malen Entenaugen auf die Stoffkugel, nähen ein rotes

Dreieck aus Papier oder Stoff als Entenschnabel an den Bommel und befestigen den Entenkopf auf einem Hausschuh. Den zweiten Enten-Hausschuh fabrizieren Sie genauso.

19 Eine Wurst von Viech

Ein Spielzeug zum Verwerten von Wollresten. Aus Wolle in ganz verschiedenen Farben und unterschiedlicher Stärke stricken Sie eine Röhre mit einem Durchmesser von etwa 20 cm. Alternativ tut's auch ein etwa 50 cm breiter Schal, den Sie der Länge nach zusammennähen, so ergibt sich die Röhre, die Sie brauchen. Die Röhre mit Füllmaterial ausstopfen und zunähen.
Aus festem Stoff vier Dreiecke schneiden, die in der Breite der Strickwurst entsprechen. Die Ränder der Dreiecke entweder mit einer Zickzackschere nachschneiden oder umsäumen. Dann zwei Dreiecke vorne und hinten als Schnauze und Schwanz an die ausgestopfte Wurst nähen, die anderen zwei Dreiecke als Ohren rechts und links an die Wurst. Zum Schluß noch zwei Augen aufsticken.

20 Das Sockentier

Einen alten Strumpf aussstopfen und zubinden oder zunähen. Zwei Dreiecke aus Stoff als spitze Ohren an den Hacken, ein Dreieck als Zunge an die Sockenspitze und zwei Knöpfe als Augen an den Socken nähen.
Wenn Sie nun das Sockentier am Bündchen packen, können Sie damit spielen wie mit einer Kasperlepuppe.

21 Handschuhmax und Handschuhmoritz

Sie können aus einfarbigen Fausthandschuhen ohne großen Aufwand zwei „Lausbuben" machen, die ganz gut zum Spielen zu gebrauchen sind.
Zwei Kreise aus Stoff schneiden. Die Kreise auf die Innenflächen der Handschuhe nähen und in Gesichter verwandeln: Augen, Nase, Mund, Ohren auf- und ansticken. Stehhaare auf den einen Rundschädel sticken (Moritz), Ponyfransen auf den anderen (Max). Wer solche Handschuhe anzieht, hat nicht nur warme

Hände, sondern kann mit seinen Händen lustige Spiele machen:

- Die Hände bewegen, dann ziehen Max und Moritz Fratzen.
- Die Hände zur Faust ballen, dann verschwinden Max und Moritz.
- Die Hände strecken, dann sind sie plötzlich wieder da.
- Max und Moritz anschauen, mit ihnen reden oder die beiden miteinander reden lassen.

22 Kommt ein Vogel geflogen

Sie brauchen ein einfarbiges quadratisches Stück Stoff. Den Stoff umsäumen oder mit einer Zickzackschere nachschneiden. Das Quadrat zu einem Dreieck falten. Das Dreieck an zwei Seiten zunähen. Auf den Stoff mit Stoffmalstiften einen Vogel zeichnen oder aufsticken. Dann stopfen Sie die Stofftüte mit Watte aus und nähen auch die letze Seite zu. Nun an den Vogel ein langes Band nähen.Der Vogel fliegt, wenn Sie oder Ihr Enkelkind ihn am Band festhalten, sich drehen und den Vogel dabei durch die Lüfte wirbeln.

23 Jede Menge Täschchen

Ein Spielzeug, das bei kleinen Kindern immer ankommt. Sie nähen aus festem Stoff eine Decke, setzen auf diese Decke möglichst viele Flicken in möglichst unterschiedlichen Mustern und Farben als Taschen, die mal mit Reißverschluß, mal mit Knopf und Knopfloch, mal mit Druckknöpfen verschlossen sind.

24 Schlappohr-Fiffy

Ein Umhängetäschchen mit Pfiff. Sie brauchen einen stabilen kleinen Karton, den sie innen und außen mit Stoff bekleben. Aus dem gleichen Stoff dann zwei Schlappohren in Schachtelbreite nähen. Die Schlappohren an den Karton klammern, nähen oder kleben. Außerdem mit Filzstift zwei Augen, Hundenase und Hundeschnauze auf die Vorderseite der Schachtel zeichnen. Schließlich noch zwei lange Bänder an der Rückseite der Schachtel befestigen, die zugebunden werden, wenn sich Ihr Enkelkind die Tasche umhängt.

25 Puppentragetasche

Aus einer länglichen, schmalen Schachtel können Sie eine Tragetasche für Puppen fertigen: Die Schachtel mit Stoff bekleben. An den Rändern den Stoff umklappen, damit er nicht ausfranst. Dann an den Längsseiten zwei Bänder festklammern als Halter zum Tragen. Den Karton mit einer zwei-, dreimal gefalteten Decke, der „Matratze", auspolstern. Außerdem Kissen und Decke für die Puppe in den Karton legen.

26 Hängematte

Sie schneiden ein Rechteck aus Stoff in Puppengröße, umsäumen die Ränder und nähen Bänder an die vier Zipfel. Zwischen zwei Stühlen aufgehängt, können Puppen oder Teddys in der Hängematte schaukeln.

27 Stoffpuppe

Sie schneiden ein Rechteck aus einfarbigem Stoff, zum Beispiel 30 x 50 cm groß, und umsäumen die Ränder. Dann nähen Sie die

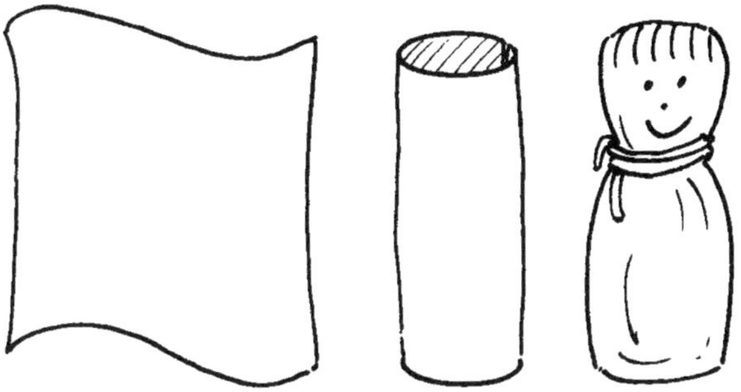

Längsseiten zusammen, stopfen die Rolle mit Watte aus und nähen sie an beiden Enden zu.
Dann binden Sie den oberen Teil der Stoffrolle als Puppenkopf ab. Auf den Kopf Ponyfransen, Augen, Nase, Mund mit Stoffmalstiften oder einem dicken Filzstift zeichnen.
Auf die ausgestopfte Rolle Arme und Beine, Schuhe und Kleid zeichnen. Zusammen mit der Trudel (siehe oben) bildet sie ein prima Spielgespann.

28 Pingpong-Männeken

Aus Stoff ein Viereck in Taschentuchgröße schneiden. Die Ränder umsäumen. Das Tuch in der Mitte einmal diagonal falten und das entstandene Dreieck an einer Seite zunähen. In die Stofftüte einen Pingpongball stecken und die Tüte zunähen.
Die Stofftüte mit dem Ball eignet sich gut als Babyspielzeug. Babys halten das Ding an einem Zipfel oder zerren an zwei Zipfeln. Sie tasten unter Stoff nach dem Ball und können den Pingpongball mit ihren Babyhänden schon (fast) greifen.

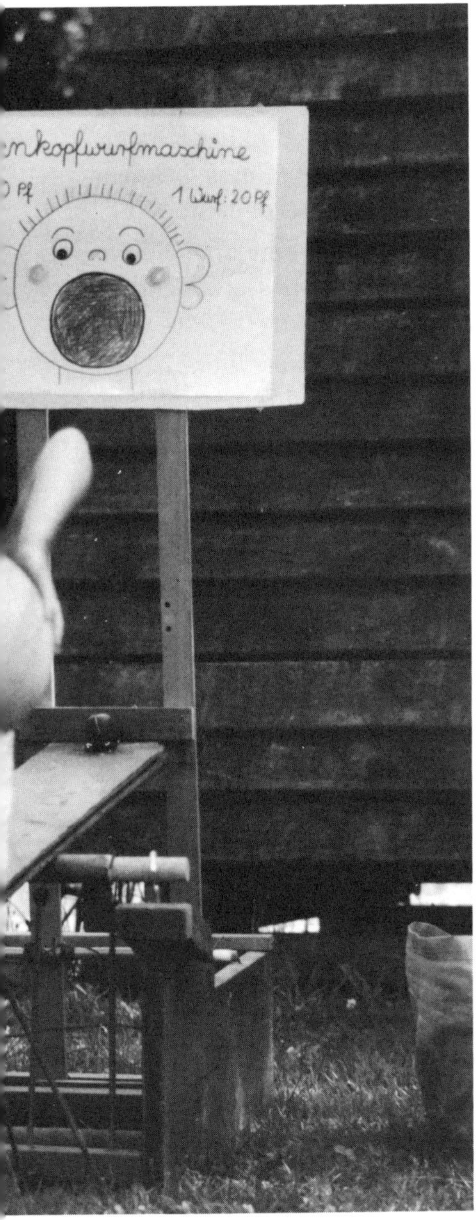

Kapitel 7

Alte Spiele, Reime, Verse

Spiele aus Großvaters Kindertagen und Berichte von Dichtern, wie sie spielten — zum Vorlesen und Nachmachen.

Spiele aus früheren Zeiten

„Der Plumpsack geht um" und „Blinde Kuh" sind ebenso wie die alten Reime und Verse immer noch ideale Unterhaltungsmöglichkeiten, mit denen wir unseren Enkeln Spaß und Vergnügen bereiten können.

Auf den folgenden Seiten habe ich eine Sammlung alter Kinderspiele zusammengestellt, die sicher vielen von Ihnen bekannt vorkommen: „Habe ich auch gespielt — damals vor Jahren!"

Diese Spiele sind viel zu schade, um unter den Kinderspielen in Vergessenheit zu geraten. Und keiner kann sie besser an andere Generationen weitergeben als Sie, die Großeltern.

Den Abschluß des Kapitels bilden Auszüge aus literarischen Berichten, in denen die Schreiber sich an Spiele erinnern, welche ihnen besonderes Vergnügen bereitet haben.

1 Blinde Kuh

Je mehr Spieler mitmachen, desto besser das Spiel. Der jüngste Spieler darf zuerst die Blinde Kuh sein. Ihm werden die Augen mit einem Tuch verbunden. Er wird dann ein paarmal im Kreise gedreht, damit er die Orientierung verliert und nun geht's los: Die anderen Spieler tanzen um ihn herum, kitzeln ihn hier und da und setzen alles daran, nicht erwischt zu werden von der Blinden Kuh. Wer dennoch gefangen wird, ist in der nächsten Spielrunde die Blinde Kuh.

2 Schubkarre

Ein Spiel für vier, sechs, acht oder auch mehr Kinder. Die jüngeren spielen zuerst Schubkarre, die älteren sind die Schubkarrenhalter. Der Schubkarrenhalter packt die Schubkarre an den Füßen, und sie läuft dann auf den Händen davon, läuft um die Wette mit anderen. Vorher eine Strecke festlegen.

3 Schneckenhaus

Ein Spiel für zwei oder mehr Spieler. Einer ritzt mit einem Stock ein riesengroßes Schneckenhaus auf einen Weg oder in Sand, oder er malt die Schnecke mit Kreide auf Asphalt. Dann hüpft ein Spieler nach dem anderen auf einem Bein durch die Gänge ins Schneckenhaus hinein, dreht um und kehrt zurück. Nach dieser ersten Vorübung machen sich alle Spieler in kurzem Abstand hintereinander auf einem Bein hüpfend auf den Weg ins Schnekkenhaus. Wer dabei einen Mitspieler anstößt, scheidet aus.

4 Reifenspiel

Einen Reifen anschlagen mit einem Stöckchen, einen Reifen vor sich hertreiben, das ist ein Spiel, das man auch allein mit großem Vergnügen spielen kann. Machen mehrere Kinder mit, wird das Spiel noch abwechslungsreicher:

- Einer treibt den Reifen an, ein anderer krabbelt hindurch während der Reifen noch trudelt.
- Zwei Kinder versuchen, zwei Reifen um die Wette über eine vorher festgelegte Strecke zu bringen.
- Mehrere Kinder bringen ihre Reifen über einen Hinderniskurs, den sie gemeinsam aus Stöckchen und Steinchen aufgebaut haben.

5 Kalt und heiß

Einer wird aus dem Zimmer geschickt. Die Mitspieler verstecken einen Gegenstand. Dann wird der Spieler hineingeholt und macht sich auf die Suche. Entfernt er sich von dem Versteck, bekommt er von den Mitspielern: „Kalt, kalt, kalt!" zu hören. Nähert er sich dem Versteck, sagen sie: „Warm, warm, warm!" Je näher an dem Versteck oder je weiter davon entfernt, desto lauter das Heiß oder Kalt, das die Mitspieler rufen.

6 Das Verfolger-Spiel

Das jüngste Kind marschiert voran, die anderen folgen ihm, gehen hin, wohin es geht, machen nach, was es tut. Wer nicht mithalten kann, darf in der nächsten Spielrunde Anführer oder Anführerin sein.

7 Dreibeiner

Zu zweit, zu viert, zu sechst kann man dieses Spiel spielen. Jeweils zwei Kinder stellen sich nebeneinander, ein Dritter bindet ihnen mit einem Tuch die beiden Beine zusammen, so daß sie sich berühren. Auf „Los" starten die Dreibein-Paare, hüpfen um die Wette auf ein vorher festgelegtes Ziel los.

8 Tauziehen

Ein Spiel für eine größere Gruppe. Die Kinder bilden zwei Gruppen und markieren zwischen den Mannschaften eine Trennungslinie. Quer über diese Grenze wird eine lange Wäscheleine gelegt. Auf „los" greifen alle Mitspieler nach der Leine und beginnen nach Kräften zu ziehen.

Jede Mannschaft versucht, die Gegner über die Trennungslinie zu ziehen. Wer's zuerst schafft, gewinnt das Spiel.

9 Ringwerfen

Ein Spieler hält einen Stock in der Hand, der senkrecht nach oben weist. Er stellt sich damit an einer vorher markierten Stelle auf. Ein anderer Spieler versucht, aus einiger Entfernung, von einer vorher markierten Linie aus, fünf Einmachgummiringe über den Stock zu werfen. Für jeden Treffer gibt's einen Punkt. Nach dieser Spielrunde werden die Rollen getauscht. Gewinner ist, wer die meisten Treffer zu verzeichnen hat.

10 Alle Tauben fliegen hoch

Alle Mitspieler sitzen um einen Tisch herum. Jeder trommelt mit seinen beiden Zeigefingern auf die Tischkante. Der älteste Spieler eröffnet das Spiel, trommelt mit seinen Fingern, nennt dann Tiere, die fliegen — zum Beispiel: „Alle Tauben fliegen hoch!" Daraufhin halten alle Mitspieler die Zeigefinger in die Luft. Dann ist der Nächste in der Runde an der Reihe, sagt zum Beispiel: „Alle Hunde fliegen hoch!" Wer jetzt seine Finger hebt, muß ein Pfand abgeben. Gewinner ist, wer nach etlichen Spielrunden am wenigsten Pfänder abgegeben hat.

11 Pfänder auslösen

Alle Pfänder, die im Laufe eines Spieles oder mehrerer Spiele zusammengekommen sind, werden mitten auf einen Tisch gelegt. Dann stellt sich ein Spieler an den Tisch, macht einen Buckel und schließt die Augen. Ein anderer Spieler nimmt ein Pfand vom Tisch, pocht dann auf den Buckel und fragt: „Was soll der tun, dem dieses Pfand gehört?" Und dann lauschen alle, welcher Auftrag nun zu hören sein wird — zum Beispiel: „Rückwärts aus dem Zimmer und zur Haustür hinausgehen!"

12 Das Schattentheater

Ein Spiel, das auch allein Freude macht.
In einem dunklen Zimmer gegenüber von einer weißen Wand eine Lampe oder besser einen Projektor aufstellen. Gesicht und Hände, nahe bei der Lichtquelle bewegt, zeichnen sich als Schatten auf der Zimmerwand ab. Das Schattenspiel beginnt: mal einen, mal mehrere Finger hochstrecken. Was sich so an der Wand bewegt, erinnert an Hasenköpfe, Krokodile usw.
Aber auch mit dem eigenen Kopf läßt sich spielen: Was wird aus meinem Schatten, wenn ich den Kopf schräg lege? Was, wenn ich das Kinn vorstrecke?

13 Schattenraten

Ein ganz ähnliches Spiel wie das Schattentheater. Aber es wird in einer Gruppe gespielt. Ein Spieler verläßt den Raum. Die anderen bauen eine Schattenbühne auf: Sie richten den Lichtkegel einer Lampe auf eine kahle Wand und verdunkeln das Zimmer. Dann wird der Mitspieler ins Zimmer gerufen. Er bleibt im Hintergrund des Zimmers stehen. Jetzt huschen ein Spieler nach dem anderen zwischen Lampe und Wand hindurch, bücken sich zum Beispiel ein wenig oder strecken sich, um den Schatten zu verfremden, der an der Wand sichtbar wird. Der Mitspieler im Hintergrund versucht zu erkennen, welcher Schatten zu wem gehört.

14 Ballprobe

Ballkunststücke vorführen ist ein Spiel, das in früheren Zeiten „in" war:

- Einen Ball siebenmal in die Luft werfen und wieder auffangen. Und sich einmal um die eigene Achse drehen, während der Ball in die Luft fliegt.
- Einen Ball in die Luft werfen, ihn auf den Boden titschen lassen und auffangen.
- Einen Ball x-mal hintereinander mit der Hand auf den Boden prellen und dann auffangen.
- Sich mit dem Rücken vor eine Wand stellen, einen Ball über den Kopf an die Wand werfen und wieder auffangen.
- Sich vor eine Wand stellen, einen Ball an die Wand werfen und so oft wie möglich in die Hände klatschen, während der Ball durch die Luft fliegt.
- Sich mit dem Rücken zur Wand stellen, die Beine grätschen und den Ball durch die gegrätschten Beine an die Wand werfen und wieder auffangen.

15 Murmeln klickern

Ein uraltes Spiel, das leider aus der Mode gekommen ist und das wiederzubeleben sich lohnt: mit Murmeln spielen oder mit „Schussern", wie sie in anderen Gegenden heißen. Vielfältige Spielregeln gibt es zu diesem Spielzeug. Hier zwei davon:

- Zwei Kreise auf die Erde malen. Eine großen von ungefähr 2 m Durchmesser und mitten hinein einen kleinen von etwa 25 cm. Wer mitspielt, legt eine Murmel in den Innenkreis. Dann versuchen alle der Reihe nach, vom Außenkreis aus, eine Murmel in den Innenkreis zu schießen. Wem es gelingt, die Murmel eines Mitspielers aus dem Innenkreis hinauszukatapultieren, darf sie einsammeln und noch einmal schießen. Wer keine Murmel aus dem Innenkreis schießt, muß noch eine eigene dazu legen.
- In Erde eine Mulde buddeln. An den Muldenrand eine Murmel legen. Aus 4 m Entfernung versucht nun ein Spieler nach dem

anderen, die Murmel auf dem Muldenrand zu treffen und in das Loch zu bringen. Wer's schafft, darf wieder eine Murmel (aus einer Murmelkasse, in die vor Beginn des Spiels alle eingezahlt haben) auf den Muldenrand legen und noch einmal werfen.Jeder Spieler darf werfen, bis er daneben trifft. Gewinner ist, wer nach zwei oder mehr Runden die meisten Murmeln eingesammelt hat.

16 Glücksberg

Sie suchen zusammen einen großen Stein. Das ist der Glücksberg. Sie ziehen um den Stein einen Kreis. Durchmesser des Kreises ungefähr 4 m. Von der Kreislinie aus werfen dann alle Mitspieler nacheinander kleine Steinchen oder Nüsse auf den Glücksberg in der Kreismitte. Wer am häufigsten trifft oder dem Glücksberg am nächsten kommt, gewinnt das Spiel.

17 Kämmerchen zu vermieten

Ein Spiel für eine Kindergruppe. Auf einem erdigen Weg markieren Sie mit den Kindern per Stöckchen die Kämmerchen: Sie ritzen in einigem Abstand voneinander Kreise auf den Weg: für jedes Kind, das mitmacht, einen Kreis. Alle Kinder suchen sich ein Kämmerchen. Sie bleiben übrig, spielen einen Wanderer, der keine Bleibe mehr findet. Irgendwann rufen Sie plötzlich: „Kämmerchen wechseln!"

Nun muß jeder seinen Kreis verlassen und in einem anderen Kreis Unterschlupf finden. Es dürfen nie zwei in einem Kreis stehen. Wer keinen Platz findet, ist in der nächsten Spielrunde der arme Wanderer, der eine Bleibe sucht.

Das gleiche Spiel ist auch bekannt unter dem Namen „Bäumchen, Bäumchen wechsel dich." Dabei sucht sich jeder Mitspieler ein Bäumchen als Stammplatz und dann werden auf Anweisung eines Spielleiters die Bäumchen gewechselt.

18 Kegelspiel

Wer kein Kegelspiel zur Verfügung hat, kann die Kegel auch durch Pappröhren ersetzen (aus Haushaltspapier oder Klorollen). Acht Kegel, ein paar mehr oder ein paar weniger können es auch sein, im Kreis aufstellen. Die Kegel unterschiedlich bewerten. Punktzahlen auf die Röhren schreiben. Aus einiger Entfernung rollen alle Mitspieler nacheinander von einer Linie aus einen Ball in Richtung Kegel. Wer nach ein paar Runden die meisten Treffer zählt, gewinnt das Spiel.

Kinderspiele in früheren Zeiten

In den Jugenderinnerungen bekannter Schriftsteller finden sich Beschreibungen von Spielen, von Spielplätzen, die Kinder in früheren Zeiten begeisterten und den Abenteuern, die Kinder damals beim Spielen erlebten. Ein paar Ausschnitte aus solchen Beschreibungen auf den folgenden Seiten. Zum Vorlesen gedacht für Kinder, die darin vielleicht eigene Erlebnisse oder Sehnsüchte erkennen. Und Zur Freude von Großeltern, die darin sicherlich ein paar der Kinderträume wiederfinden, die sie selbst vor langer Zeit einmal hatten.

19 Bademeister und Badegast

Von Theodor Fontane

Es war schon Oktober, ein heller, wundervoller Tag, und wir spielten in unserem Garten ein von uns selbst erfundenes, aber freilich nur einmal gespieltes Spiel: „Bademeister und Badegast." An der Gartentür standen Tisch und Stuhl, auf welch letztrem der Bademeister saß und gegen gesiegelte Marken Zutritt gewährte. War diese Marke gezahlt, so schritt der Badegast über eine auf Holzkloben liegende Bretterlage hin und kam schließlich an den Badeplatz. Dies war ein vorher gegrabenes Loch von wenigstens vier Fuß im Quadrat und ebenso tief. Das Wasser fand sich von selbst, denn es war Grundwasser, und in diesem Grundwasser stapften wir nun, nach Aufkrempelung unserer Hosen und wie in Vorahnung der Kneippschen Heilmethode, glückselig herum.

20 Die Räuberbande

Von Carl Oskar Jatho

Ganz in der Nähe des östlichen Römerturms im „hinteren Garten" war ein dichtes Haselnußgebüsch, über das ein kurzstämmiger Apfelbaum seine Äste streckte. Das war an den langen Herbstabenden das Versteck für uns drei, wo wir Nüsse und Äpfel zugleich mit dem schier unerschöpflichen Vorrat des Felix an

Gespenstergeschichten verschlangen. Durchweg war es Schundliteratur, die der Felix aus seinen Johannisberger Penaten in unsere von den Eltern so vorsich-tig gewählte Kinderbibliothek heimlich eingeschwärzt hatte.

Die beiden, im Vorlesen sich Abwechselnden warteten die Dunkelheit ab, um dann mitten im Haselnußdickicht bei einem chinesischen Lampion mit schauspielerisch rauhen Tönen das unsäglich Grauenvolle zum Vortrag zu bringen. Dabei krachte ich mit meinen Milchzähnen die Haselnüsse und lieferte die Kerne als Tribut ab, weil Felix mich gewürdigt hatte, die Schauermären an meinen empfindlichen Kinder-nerven auszuprobieren.

Nach Beendigung des literarischen Teils im Haselgebüsch häuften wir in der Römerruine den Scheiterhaufen — nicht etwa für die Groschenhefte, sondern für die im Gemüsegarten gestohlenen Kartof-feln; und, alle Gefahrenmomente gut berechnend, zündete Felix das Feuer an. Dem folgte als Abschluß die Vertilgung der gebratenen Erdäpfel in Hottentotten-Anton-Manier ("Dau werscht gess!"), wobei natürlich mir die halb verkohlten verabfolgt wurden, da ich ja in diesem Trifolium bewußt die Rolle des Mißbrauchten zu spielen übernommen hatte.

21 Blindlaufen

Von Anna Schieber

Es fiel mir ein Spiel ein, das wir zu dieser Zeit oft und mit Hingabe spielten, das hieß „Blindlaufen". Man machte das so, daß immer einer den anderen führte, der durfte „auf Ehre" kein Auge aufmachen, auch nicht blinzeln, bis der Führer sagte: „Jetzt", und dann mußte man zuerst erraten, wo man sei, ehe man sich umsah. Da gab es allerlei Überraschungen. Man konnte auf verschiedene Arten spielen, und neuerdings hatten wir auch angefangen, allein blind zu gehen, ohne Führer, so, daß man sich ein Stück vornahm, etwa bis zur nächsten Ecke oder an den Brunnen, und vorher durfte man — „auf Ehre vor sich selber" — nicht den kleinsten Lichtstrahl sehen. Wie das denn so ist: Man trieb die Sache höher und zum Rekord, und jetzt auf meinem Weg zur Schule, der ein gutes Stück weit außerhalb der Stadt hinführte, konnte ich mir schon etwas zumuten.

22 Das Gartenhäuschen

Von Karla Höcker

Zuerst das Gartenhäuschen. Der Garten war groß und nach altmodischen Gesichtspunkten angelegt, mit geschwungenen Wegen und Rasenflächen, vielen alten Bäumen und Büschen, auch Johannis- und Stachelbeersträuchern. Für Kinder hatte er etwas Geheimnisvolles, man konnte wunderbar darin spielen. Im Mittelpunkt stand ein kleines hölzernes Gartenhäuschen, in dem Geräte, Gießkannen, ein altes, nicht mehr ganz vollständiges Krokettspiel und ähnliche Dinge aufbewahrt wurden. Vor allem eignete es sich zum „Anschlag" beim Versteckspielen. Gewöhnlich dämmerte es dann schon. Manchmal war der Rasen kurz zuvor gemäht worden, es roch nach frischem Heu. Vorsichtig geduckt laufen die Spielenden zwischen Bäumen und Beeten umher, verstecken sich geschickt, warten angespannt, bewegungslos auf den Beginn der Jagd.
Der zum Suchen Bestimmte lehnt mit geschlossenen Augen an der Anschlagwand, er zählt: eins, zwei, drei, vier... hundert, komme ! Nun darf er die Augen öffnen, späht erregt in das schnell hereinbrechende Dunkel und erkennt schon einige der Heranschleichenden: Anschlag für Brigitte! Anschlag für Jan! Noch bewegen sich lautlose Schritte zwischen den Pflanzen. Manchmal läuft einem der Kinder, die an das Gartenhäuschen heranrobben, ein Schauer über den Rücken: es ist, als wäre es selbst das Unheimliche, vor dem es gleichzeitig zurückschreckt, und doch möchte jedes bis zuletzt dabei- und unentdeckt bleiben, ein Sieger. Es gelingt immer nur wenigen.

23 Räuber und Wandersmann

Von Theodor Fontane

Wir hatten verschiedene Spielplätze. Der uns liebste war aber wohl der am Bollwerk, und zwar gerade da, wo die mehrerwähnte, von unserm Hause abzweigende Seitenstraße einmündete. Die ganze Stelle war sehr malerisch, besonders auch im Winter, wo hier die festgelegten und ihrer Obermasten entkleideten Schiffe lagen, oft drei hintereinander, oft bis ziemlich weit in den Strom hinein. Uns hier am Bollwerk herumzutummeln und auf den weit ausgespannten Tauen, so weit sie dicht überm Erdboden hinliefen, unsere Seiltänzerkünste zu üben, war uns gestattet, und nur eines stand unter Verbot: Wir durften nicht bis auf die Schiffe gehn und am wenigsten die Strickleiter hinauf bis in den Mastkorb klettern. Ein sehr vernünftiges Verbot. Aber je vernünftiger es war, desto größer war unser Verlangen, es zu übertreten, und bei „Räuber und Wandersmann", das wir alle sehr liebten, verstand sich diese Übertretung beinahe von selbst. Entdeckung lag überdies außerhalb der Wahrscheinlichkeit, die Eltern waren entweder bei ihrer „Partie" oder zu Tisch geladen. „Also nun vorwärts. Und petzt einer, so kommt er schlimmer weg als wir."

Kapitel 8

Von Groß- eltern und Enkeln

Enkel und und Groß- eltern gibt es nicht erst seit heute. Lesen Sie, was Dichter und andere über diese besondere Beziehung zu sagen haben.

Dichter haben das Wort

Viele Schriftsteller haben über ihre Zeit als Enkelkinder geschrieben. Oder sie haben Geschichten von Enkelkindern und ihren Großeltern gehört und aufgeschrieben oder einfach erfunden. Geschichten, die erzählen, was Enkel und Großeltern miteinander reden, spielen und erleben.

1 Unsere Voreltern

Von Unbekannt

Jeder Mensch hat 2 Eltern, 4 Großeltern, 8 Urgroßeltern, 16 Ururgroßeltern, 32 Voreltern in der fünften, 64 in der sechsten, 128 in der siebenten, 256 in der achten, 512 in der neunten, 1024 in der zehnten Generation. In der sechzehnten Generation hat jeder 65 536 Voreltern. Diese sechzehn Generationen nehmen einen Zeitraum von 500 Jahren ein. Unter den 65 536 Voreltern, die jeder der jetzt lebenden Menschen im 14. Jahrhundert hatte, befinden sich gewiß Personen aller Stände und Klassen. Arme und Reiche, Freiherren und Taglöhner, Gelehrte und Ungelehrte. Es kennt natürlich kein Mensch, auch wenn der Stammbaum noch so sorgfältig in der Familien aufbewahrt wurde, alle seine Vorfahren. Es ist also kein Grund vorhanden, einen Unterschied zwischen den Menschen zu machen, indem man sich auf ihre Herkunft bezieht. Eines jeden Wert sollte man lediglich nach dem bemessen, was er selbst ist und leistet.

2 Das Fest über den Wolken

Von Barbara Haupt

Manchmal kann Christopher abends nicht einschlafen. Dann kommt Vater Jakob und hilft ihm. Das ist sein Opa. Er wohnt oben in dem großen Zimmer über Christopher und seinen Eltern. Man braucht nur die Wendeltreppe im Flur hinaufzusteigen, und schon ist man da. Aber meistens ist Vater Jakob zum Abendessen und den Fernsehnachrichten unten bei ihnen.

Warum er übrigens Vater Jakob und nicht Opa oder Großvater genannt wird, weiß ich nicht. Irgend jemand muß einmal damit angefangen haben, und dabei ist es dann geblieben.

Wenn Vater Jakob abends mit seinem Bierglas in der Hand zu Christopher ans Bett kommt, hat er viel Zeit. Und irgendwie schafft er es immer, daß Christopher dann am Ende doch noch zufrieden einschläft. Zum Beispiel heute abend...

Heute kann Christopher nicht einschlafen. Er hat große Angst, denn draußen wütet ein schlimmes Gewitter. Er steckt bis zur Nasenspitze unter seiner Bettdecke und weiß nicht, ob er die Augen zukneifen und die Finger in die Ohren stopfen soll - oder ob er Augen und Ohren lieber offenhalten soll, damit er schnell weglaufen kann, wenn das Gewitter in sein Zimmer stürzt. Am liebsten würde er zu Vater Jakob gehen. Aber Vater Jakob sitzt mit Christophers Eltern und den fremden Leuten drüben im Wohnzimmer. Die Mutter hatte zu Christopher gesagt: „Du möchtest doch gerne ein Großer sein, und da fürchtest du dich immer noch vor einem albernen Gewitter?" Und die fremden Leute haben gelacht. Natürlich möchte Christopher gerne ein Großer sein. Niemand soll denken, daß er feige ist und erst recht nicht über ihn lachen. Fremde Leute schon gar nicht! Darum bleibt er jetzt tapfer in seinem Bett und gibt sich Mühe, das Gewitter ebenso albern zu finden wie die Erwachsenen.

„Blödes Gewitter!" sagt er. „Mistkerl! Glaub nur nicht, daß ich Angst vor dir habe. Doofmann...!" Er versucht, sich an alle Schimpfwörter zu erinnern, die er jemals gehört hat. Es sind ziemlich viele. Aber leider läßt sich das Gewitter von Christophers bösen Beleidigungen nicht im geringsten beeindrucken. Im Gegenteil: Die Blitze werden immer greller, der Donner immer lauter und Christopher unter seiner Bettdecke immer dünner.

Und dann wird es mit einem Mal taghell in seinem Zimmer, daß das Schaukelpferd Isolde vor Entsetzen feuerrote Augen bekommt. Und der Himmel rumpelt und grollt - erst leise, dann lauter, und immer lauter, und immer näher zu dem zitternden Christopher - bis er zuletzt mit einem gewaltigen Knall - wie ein Kanonenschuß explodiert!

Da glaubt Christopher, daß jetzt die ganze Erde auseinanderbrechen wird. Er springt mit einem Satz aus dem Bett und rennt zur Tür. Doch als er sie aufreißt, prallt er mit voller Wucht auf einen dicken Bauch, der nur einem einzigen gehören konnte - nämlich Vater Jakob.

„Ach du meine Güte!" ruft der erschrocken und balanciert sein schwankendes Bierglas über Christophers Kopf. „Was ist denn in dich gefahren!"

Aber Christopher klammert nur die Arme um seinen Bauch und wühlt den Kopf unter seine Jacke. Vater Jakob bringt vorsichtig sein Bier in Sicherheit. Dann streicht er mit den Händen über Christophers Rücken und sagt: „Das Gewitter macht dir Angst, nicht wahr? Schau mich einmal an..."

Doch Christopher preßt den Kopf nur noch fester gegen Vater Jakobs Bauch und will auf keinen Fall unter seiner Jacke hervorkommen.

„Eine schlimme Sache, wenn man so große Angst vor etwas hat", murmelt Vater Jakob und weiß nicht, wie er Christopher helfen soll.

Als sich der Donner für kurze Zeit beruhigt, schlägt er vor: „Wollen wir nicht ans Fenster gehen und uns das Gewitter gemeinsam ansehen? Vielleicht stellst du dann fest, daß deine Angst gar nicht so groß ist, wie du denkst..." Aber Christopher will nicht. „Auch nicht, wenn ich meinen dicken Mantel anziehe und dich an meiner Seite unter ihm verstecke? Ich würde ihn vorne fest zuknöpfen - bis auf einen einzigen Knopf: Dort könntest du rausschauen, wenn du willst. Aber nur, wenn du willst, sonst nicht. - Nun, bist du einverstanden?"

Christopher schweigt immer noch. Endlich sagt er leise: „Ja..." Bestimmt hätte bei dem lauten Regensturm kein anderer dieses leise Ja gehört. Aber Vater Jakob hört es. Und dann macht er es genauso wie er versprochen hat: Er nimmt Christopher unter seinen dicken Mantel und knöpft alle Knöpfe zu - bis auf einen einzigen. Und so stellen sich die beiden ans Fenster, obwohl Christopher noch lange nicht wagt, aus seinem Mantelloch herauszugucken.

Vater Jakob seufzt. „Schade, daß die meisten Menschen gar nicht wissen, daß in diesem Augenblick oben über den Wolken ein wunderschönes Fest stattfindet", meint er. „Sehr bedauerlich!"
„Was für ein Fest...?" fragt Christopher zaghaft und fühlt sich unter Vater Jakobs Mantel schon viel mutiger. Aber Vater Jakob antwortet nicht.
Deshalb schiebt Christopher vorsichtig seinen Kopf aus dem Mantelloch und wiederholt: „Was für ein Fest, Vater Jakob?"
„Ein Sternenfest."
„Ein Sternenfest ...?"
„Ja", sagt Vater Jakob. „Manchmal haben die vielen Millionen Sterne es nämlich gründlich satt, immer und immer nur reglos am Himmel zu stehen und auf die Erde hinabzuleuchten. Dann veranstalten sie ein großes lustiges Fest, so wie jetzt."
Christopher sieht zum Himmel hinauf und sagt: „Ich sehe aber nichts!"
Vater Jakob lacht. „Das kannst du auch nicht", meint er. „Die Sterne lassen sich bei ihren Festen nämlich nicht gerne zusehen. Deshalb spannen sie einfach einen großen dunklen Wolkenteppich über den Himmel. Dann ziehen sie ihre bunten Sternenröcke an und tanzen."
„Mit Musik...?" fragt Christopher.
„Natürlich mit Musik, was hast du denn gedacht!"
„Ich höre aber keine Musik!"
„Das liegt an dem Wolkenteppich", erklärt Vater Jakob. „Das einzige, was man bei uns auf der Erde hören kann, sind die Pauken - immer dann, wenn die Kapelle einen Tusch spielt."
„Ich höre aber auch keine Pauken!" sagt Christopher hartnäckig.
„Doch, vorhin hast du sie gehört", erwidert Vater Jakob. „Das wußtest du nur nicht, daß es die Himmelspauken waren. Sie sind so riesengroß, daß du sie dir gar nicht vorstellen kannst. Darum dröhnt ihr Trommeln auch durch den dicken Teppich bis zu uns auf die Erde."
Christopher sieht Vater Jakob zweifelnd an. Der schmunzelt und sagt: „Wir Menschen haben nur einen anderen Namen für das Trommeln der Pauken: Wir nennen es Donner. Aber daß es in

Wirklichkeit die Himmelspauken sind, wissen die wenigsten."
Christopher denkt angestrengt nach.
„Und warum blitzt es so schrecklich? fragt er schließlich.
„Auch das wissen die wenigsten", behauptet Vater Jakob." Das ist nämlich in Wirklichkeit der Himmelsfotograf. Kannst du dir vorstellen, wie groß sein Blitzlicht sein muß, um den ganzen Himmel mit alle seinen Sternen zu beleuchten? Ist es da verwunderlich, daß auch sein Licht durch den dicken Wolkenteppich bis zu uns dringt? So wie die riesigen Himmelspauken?"
In diesem Augenblick zuckt ein greller Blitz über der Himmel. Christopher drückt sich erschrocken an Vater Jakob und will den Kopf sofort wieder unter seinen Mantel stecken. Doch Vater Jakob hält ihn sanft fest und sagt: „Siehst du, gerade hat der Fotograf wieder ein Foto von den tanzenden Sternen geschossen. Und jetzt paß auf - gleich folgt die Kapelle mit ihrem Tusch..."
Und schon geht der Donner los!
Vater Jakob klatscht in die Hände und ruft: „ Bravo, hoho! Gut getanzt Sternchen! Sehr gut!"
Zu dem bangen Christopher aber sagt er: „Wir können ihren Tanz zwar nicht sehen, doch es schadet nicht, wenn wir sie trotzdem loben. Das nächste mal rufen wir gemeinsam, einverstanden?"
Und das tun sie auch. Christopher erst noch ängstlich, aber dann immer mutiger. Und je stärker der Donner grollt und kracht, desto lauter rufen die beiden ihr Bravo hoho! und klatschen in die Hände.
Bald hat Christopher gar keine Angst mehr und ruft und klatscht noch viel lauter als Vater Jakob. Und zwischendurch tanzen sie kreuz und quer durchs Zimmer, genau wie die Sterne oben über den Wolken. Dabei steckt Christopher immer noch unter Vater Jakobs Mantel. Das sieht vielleicht komisch aus!
Später werden die Himmelspauken immer leiser und das Blitzlicht immer schwächer... Das Sternenfest ist aus.
Christopher kriecht unter dem Mantel hervor und schlüpft in sein Bett. Er hält den Kopf schief und macht ein seltsames Gesicht.
„Nanu?" fragt Vater Jakob erstaunt. „Du siehst ja wie ein lebendiges Fragezeichen aus! Was quält dich denn noch?"

Christopher kaut an seinem Schlafanzugkragen. „Das Sternenfest - und der Himmelsfotograf ...", sagt er zögernd, „das ist doch alles gar nicht wahr..."
Vater Jakob geht zum Fenster und holt sein Bierglas. „Wahr oder unwahr..." wiederholt er versonnen. „Ist das jetzt so wichtig? Freilich, irgendwann wirst du in den klugen Büchern eine andere Erklärung für die Gewitter finden... . Wahr ist auf jeden Fall, daß du vorhin keine Angst mehr hattest, stimmt das?" Christopher nickt. „Na also!" meint Vater Jakob. „Ich finde das ist die Hauptsache. Und du?"
„Ich auch!" sagt Christopher und zieht sich zufrieden die Decke über die Ohren.
Als Vater Jakob zu den Eltern und den fremden Leuten ins Wohnzimmer zurückkehrt, sehen ihn alle merkwürdig an.
„Ist etwas nicht in Ordnung?" wundert er sich.
„Das wollten wir dich gerade fragen!" sagt die Mutter lachend. „Warum hast du denn deinen dicken Mantel an?"
Vater Jakob sieht verdutzt an sich herunter. „Tatsächlich!" sagt er. „Wie konnte ich nur vergessen, meinen Mantel auszuziehen! Christopher und ich waren nämlich beim Sternenfest. Kalt war es dort oben! Brr..." Aber mehr verrät er nicht.
Da gibt Christophers Mutter ihm blitzschnell einen dicken Kuß auf die Backe.
„Hmm...!" macht Vater Jakob und klappert mit den Augen, als ob er einen Schokoladenbonbon auf der Zunge hätte.

3 Vertauschte Rollen

Von Gudrun Mebs

„Oma", schreit der Frieder und zupft an Omas Rock. „Oma, ich mag nicht immer Frieder sein, ich mag mal Oma sein!"
„Ja läßt du mich gleich los, Bub!" zetert die Oma. „Jetzt sei froh, daß du ein Bub bist. Kinder haben's besser!"
„Gar nicht", sagt der Frieder und greift sich Omas Hut, den grauen, und Omas Tasche, die schwarze. „Omas haben's besser, das ist doch klar!"

„Ja bist du denn verrückt?" ruft die Oma und will nach ihrem Hut greifen. Da klapst ihr der Frieder einfach auf die Finger, rückt den Hut gerade auf seinem Kopf und befiehlt: „Marsch, ab mit dir ins Kinderzimmer. Ich bin jetzt die Oma und damit Schluß!"
„Ja wie redest du denn mit mir?" wundert sich die Oma und will nach ihrer Tasche greifen. Die zieht der Frieder aber schnell weg, und er macht eine ganz tiefe Stimme und befiehlt noch mal: „Ab mit dir ins Kinderzimmer, habe ich gesagt! Da spiel schön. Aber ordentlich, haben wir uns verstanden? Ich geh in die Küche!" Und damit marschiert er würdevoll ab und läßt die verblüffte Oma stehen.
Die guckt, schüttelt den Kopf und murmelt dann: „Lausebengel, verflixter. Na, warte!" Und sie verschwindet im Kinderzimmer und macht die Tür fest zu.
Der Frieder steht in der Küche, Hut auf dem Kopf und Tasche in der Hand. Er schaut sich um. Dann legt er erst mal den Hut auf den Küchentisch und die Tasche daneben. So. Nun ist er also in der Küche. Als Oma. Was macht die Oma in der Küche? Sie wäscht ab. Aber abwaschen ist langweilig, und überhaupt hat die Oma längst abgewaschen. Nichts steht rum. Blitzblank ist die Küche. Was macht sie denn noch? Sie kocht, ganz klar.
Also muß er jetzt kochen. Am besten Reisbrei. Den mag er so gerne. Zum Reisbrei braucht's Reis und Milch und Zimt und Zucker. Das weiß der Frieder längst.

Der Reis steht im Küchenschrank. Frieder holt sich den Küchenhocker, steigt rauf, öffnet die Küchenschranktür, und dann reißt er die Reistüte so heftig hervor, daß sie platzt und die Reiskörner auf den Boden rieseln. Macht nichts. Das kann man ja zusammenfegen.

Jetzt holt er mal den Zucker. Der Zuckertopf steht auch im Küchenschrank. Vorsichtig holt ihn der Frieder heraus und steigt vorsichtig vom Küchenhocker und will ihn vorsichtig auf den Küchentisch stellen, da kippt der Zuckertopf beinahe von selber um, und der Zucker rieselt in Omas Hut und in Omas Tasche. Blöd.

Na, ja, dann holt er eben jetzt mal den Zimt. Aber den findet er

nicht. Auch wenn er sämtliche Schüsseln, Teller und Töpfe aus dem Küchenschrank räumt, der Zimt bleibt verschwunden.
Na gut, der Zimt kann warten. Jetzt erst mal die Milch. Frieder holt aus dem Kühlschrank die Milch, schüttet sie in einen Topf. Leider schwappt die Hälfte daneben. Macht nichts. Kann man ja aufwischen.
Nun muß die Milch auf den Herd. Frieder stellt also den Milchtopf auf den Herd. Nun muß aber auch ein Feuer drunter. Frieder sucht nach Zündhölzern, sucht und sucht und findet sie nicht. Zündhölzer braucht er aber. Weil's sonst kein Feuer gibt. Und ohne Feuer kocht die Milch nicht, das ist klar. „Oma", schreit der Frieder und reißt die Tür auf. „Oma, bring mir die Zündhölzer, aber schnell!"
„Ja bin ich denn dein Diener?" schreit die Oma zurück. „Ich bin im Kinderzimmer und spiel schön, daß du's nur weißt!"
Der Frieder horcht auf. Was tut die Oma? Sie spielt schön? Das muß er sehen.
Frieder saust aus der Küche und ins Kinderzimmer. Da sitzt die Oma und hat alle seine Spielsachen um sich herum gestreut. Die Rennautos liegen im Bett, die Legosteine, alle, aber auch wirklich alle, halb unterm Bett, halb auf dem Tisch. Die Malsachen liegen auf dem Boden, die Plüschtiere auf dem Stuhl, und gerade ist die Oma dabei, die Schachtel mit den Bauklötzen auszuleeren.
„So!" sagt sie zufrieden, steht auf und marschiert am Frieder vorbei in die Küche.
Der Frieder staunt. Das Zimmer sieht vielleicht aus! So eine Unordnung! Das hat er ja noch nie geschafft! „Oma", brüllt er empört, „mein Zimmer ist ja ein Schweinestall!"
„Wie du mir, so ich dir!" brüllt die Oma zurück. „Meine Küche , die ist auch ein Schweinestall! Und überhaupt, mit Zündhölzern sollst du nicht zündeln, wie oft soll ich dir das noch sagen!"
„Und überhaupt", schreit der Frieder, „mit meinen Spielsachen sollst du nicht so rumschmeißen, wie oft soll ich das noch sagen!"
„Na geh", sagt die Oma und steckt den Kopf zur Küchentür raus, „ich hab halt schön gespielt. Oma als Frieder spielt halt so!"
„Und ich", sagt Frieder und grinst dabei, „ich habe halt schön gekocht. Frieders als Oma kochen halt so."

„Leider", sagt die Oma und grinst auch und dann gibt sie dem Frieder einen Schmatz auf die Backe und sagt: „Weißt was? Jetzt bin ich wieder die Oma, und du bist wieder der Bub. Und ich räum auf in meiner Küche und du räumst auf in deinem Zimmer, ja? Und dann koche ich was. Einen Reisbrei, ja?"

Der Frieder nickt und der Frieder seufzt, und dann fängt er an, die Bauklötze einzusammeln und die Legosteine und die Plüschtiere und...und...und... .

Und eigentlich ist er jetzt doch lieber wieder der Frieder. Wenn er an die verschüttete Milch denkt und an den Zucker in Omas Hut...

Die Oma seufzt und stöhnt und schnauft und wischt und fegt und räumt auf.

Und endlich ist sie fertig.

Der Frieder auch.

Ja und dann haben Oma und Frieder zusammen Reisbrei gekocht. Mit Zimt und Zucker. Die Oma hat den Zimt sofort gefunden. Weil sie ja weiß, wo er steht.

Ja, und dann haben Oma und Frieder zusammen gespielt. Mit den Legosteinen. Und sie haben ein sehr schönes, sehr großes Haus gebaut. Weil der Frieder ja weiß, wie so was geht.

4 Großvaters Geschichten

Von Erwin Moser

Eine Geschichte, die der Großvater erzählt hat, wie der Herbert krank gewesen ist.

Wie deine Großmutter noch gelebt hat, haben wir hinten, dort, wo jetzt die Scheune steht, einen schönen Gemüsegarten gehabt. Die Oma hat dort immer ihr Gemüse angebaut.

No, paß auf: In der Kammer auf dem Tisch hat sie damals ein Papiersäckchen mit Gurkenkernen stehen gehabt. In dem Säckchen waren viele, viele Gurkenkerne, die darauf gewartet haben, daß sie die Oma im Garten anbaut.

Eines Tages ist die Katze auf den Tisch in der Kammer gesprungen, und dabei hat sie das Säckchen mit den Gurkenkernen umgestoßen. Die Kerne sind dadurch über die ganze Tischplatte gerollt, und einer von ihnen ist dabei über die Tischkante auf den Boden gefallen. Dort, wo er hingefallen ist, gleich neben dem Tischbein ist zufälligerweise noch ein Kern gelegen. Und zwar war das kein Gurkenkern, sondern ein Kürbiskern. Der Kürbiskern ist schon längere Zeit vorher dort gelegen, und er hat sich sehr gelangweilt, dort unten. Wie er nun dicht neben sich den Gurkenkern gesehen hat, hat er sich gleich in ihn verliebt. Es war Liebe auf den ersten Blick. So sind sie dagelegen, Woche für Woche, Monat für Monat, haben sich nur angesehen und waren dabei sehr glücklich.

Wie dann die Zeit zum Gurkenanbau gekommen ist, hat deine Großmutter die Kerne auf der Tischplatte eingesammelt und hat sie im Garten angebaut. Der Gurkenkern und der Kürbiskern auf dem Boden haben geahnt, daß nun die Zeit zum Anbau ist und haben große Sehnsucht gehabt, in den feuchten Boden gelegt zu werden. Dann wäre ihr Glück vollkommen gewesen.

Jedesmal, wenn die Oma in die Kammer gekommen ist, um irgend etwas zu holen, haben die beiden Kerne inständig gehofft, daß sie gesehen und in den Garten mitgenommen würden. Aber die Oma hat sie nicht bemerkt. Wer schaut auch schon auf zwei kleine Kerne, die am Boden liegen? Noch dazu ist viel anderer Unrat auf dem Boden der Kammer gelegen: Erdbrocken, Staub, kleine Steinchen und Blätter. Da kann man zwei kleine Kerne leicht übersehen.

No, letzten Endes hat genau das dazu beigetragen, daß die beiden Kerne doch noch angebaut worden sind. Deine Oma hat sich nämlich ein paar Tage später gedacht: In der Kammer, dort ist es so schmutzig. Es wird Zeit, daß ich einmal den Boden kehre.

Sie hat einen Besen geholt, hat den ganzen Schmutz zusammengekehrt und hat ihn auf den Kehrichthaufen hinter der Scheune geworfen. Die zwei Kerne waren auch dabei. Zufälligerweise sind sie dort wieder dicht nebeneinander zu liegen gekommen.

No, die Oma hat noch anderen Mist daraufgeworfen, und weil es in dem Kehrichthaufen schön warm und feucht war, haben die beiden Kerne zu treiben angefangen. Und weil sich die beiden so

gern gehabt haben, haben sich ihre Triebe ganz dicht umschlungen. Und wie sie dann aus der Erde hervorgekommen sind, waren die beiden Pflänzchen so dicht ineinander verwachsen, daß es nur mehr eine einzige Pflanze war.
No, wie der Sommer gekommen ist, war der halbe Kehrichthaufen von den Ranken der Pflanzen überwachsen. Ihre Blätter waren so groß wie die einer Kürbispflanze, haben aber ausgesehen wie die einer Gurkenranke.
Und wie dann der Herbst gekommen ist, sind drei schöne Kürbisse im Schatten der Blätter gelegen. Deine Oma hat sich sehr gefreut darüber, wie sie die Kürbisse gesehen hat. Als sie reif waren, hat sie sie abgeschnitten, und wie sie die Kürbisse näher anschaut, merkt sie plötzlich, daß sie zur Hälfte wie eine Gurke ausgesehen haben. Die Oma hat die drei Gurkenkürbisse auf den Kasten in diesem Zimmer gelegt, und dort sind sie lange gelegen."

5 Tom Kitten regelt die Regeln

Von Mary Stolz

Der alte Mister Fanshaw und sein Enkel Bill lebten in einem Haus am Waldrand. Die Bäume standen so dicht am Haus, daß es zuweilen schien, als wollten sie hineinwachsen. Immer näher drangen die winzigen Ahornschößlinge zum Haus vor, bis Großvater Fanshaw sie fand und abhieb. Einige Brombeerranken hatten es geschafft, unbemerkt über das Gras zu kriechen und die Hauswand emporzuklimmen, doch dann wurden auch sie erspäht und abgeschnitten. So bekam der Wald keinen Zutritt zum Haus, aber Großvater Fanshaw und Bill betraten auch nie den Wald.

„Zwischen den hohen Bäumen ist es dunkel und unheimlich; es gibt zu viele seltsame Geräusche und wilde Tiere. In der Regel verirren sich die Leute nur im Wald", behauptete Großvater.

Großvater Fanshaw war ein gerechter, freundlicher Mann, und Bill lebte gern bei ihm. Niemals sagte er: „Ich habe jetzt keine Zeit" oder „ Was für eine dumme Frage" oder gar „halt endlich

den Mund". Er hörte immer zu, wenn Bill etwas erzählen wollte, und er las vor, wenn Bill etwas hören wollte. Er wußte ungeheuer viel; er wußte, auf welche Weise das Telefon funktioniert, er kannte den Standort der Sterne am Himmel und die Arten der Fische im Indischen Ozean. Er wußte, wie man Fieber kuriert, einen Drachen baut und Schokoladenkuchen bäckt.
Bill liebte seinen Großvater sehr; das einzige, was ihn störte, waren die vielen Regeln. Wenn Großvater nämlich meinte, daß sich etwas bewährt hätte, so machte er gleich eine Regel daraus, und stand die Regel erst einmal fest, dann gingen er und Bill auch nicht mehr davon ab.
An jenem Morgen, an dem Bill zu ihm gekommen war, hatte Großvater Haferflocken zum Frühstück gemacht. „Das schmeckt gut", hatte Bill gesagt, und Großvater hatte zugestimmt: „Hmm, wirklich sehr gut. „Seitdem gab es allmorgendlich das ganze Jahr hindurch Haferflocken. Manchmal spendierte Großvater etwas braunen Zucker oder Honig, ab und zu auch Beeren oder Bananen; doch was auch immer obenauf war, in jedem Falle waren Haferflocken darunter.
Bill fand, daß es zur Abwechslung einmal etwas anderes geben könnte.
„Andere Leute essen Eier und Schinken zum Frühstück", sagte er eines Morgens und schob die Schale mit den Haferflocken beiseite.
„Bei uns gibt es Haferflocken", sagte Großvater und schob sie ihm wieder hin.
So war es und so blieb es.
Großvater fröstelte oft im Nacken, und er hatte herausgefunden, daß ein Schal ihm gute Dienste leistete. Jedesmal, wenn die beiden nun aus dem Hause gingen, ob sommers oder winters, wickelten sie sich einen Schal um den Hals.
„Mir ist aber nicht kalt", sagte Bill eines Tages. „Bestimmt nicht, eher zu heiß. Es ist Sommer."
Man kann nie wissen, ob die Witterung nicht umschlägt", erklärte Großvater. „Die Regel ist so, und sie wird befolgt.
So war es und so blieb es.

Es gab noch eine Menge anderer Regeln. Dienstags und freitags kauften sie ein, mittwochs machten sie das Haus sauber, donnerstags gingen sie zur Bücherei, samstags besuchten sie die Nachbarn, sonntags gingen sie in die Kirche, und montags taten sie nichts. So hatte Großvater es geregelt.

„Warum machen wir in dieser Woche nicht mal Montag sauber, besuchen die Nachbarn am Mittwoch und tun am Freitag nichts?" fragte Bill einmal. Großvater zog die Augenbrauen hoch und schwieg.

Von allen Regeln störte Bill am meisten, daß die Uhr den ganzen Tag über ihre Handlungen bestimmte, und es kam ihm vor, als hätte er zwei Großväter, denen er gehorchen mußte.

„Manche Leute kümmern sich überhaupt nicht um die Uhr", nörgelte er.

„Aber wir tun es", entgegnete Großvater.

So war es und so blieb es.

An einem Winterabend saßen Bill und sein Großvater am Feuer und rösteten Maronen. Draußen schneite es schon seit Stunden. Der Schnee hatte die Baumkronen eingehüllt, die Wiese zugedeckt und sich in einer dicken Schicht auf den Fensterbrettern angesammelt.

Das Feuer war fast heruntergebrannt; es flackerte ab und zu, wenn ein paar Schneeflocken den Weg durch den Kamin gefunden hatten. Bill seufzte vor Behagen, als er in eine heiße, knusprige Marone biß.

„Mi-au."

„Was hast du gesagt?" fragte der Großvater verschlafen. Er war ein wenig eingenickt, während sie auf den Stundenschlag der Uhr warteten, mit dem sie ins Bett gingen.

„Ich habe nichts gesagt, Großvater", antwortete Bill.

„Hm, ich habe so etwas ähnliches wie Miau gehört."

„Mi-au."

„Da wieder!" sagte Großvater triumphierend. „Hast du gehört?"

„Gehört schon", sagte Bill,"aber ich war es nicht."Er stand auf, ging zur Tür und legte sein Ohr an sie. „Ich kann den Schnee hören."

„In meinem ganzen Leben habe ich noch nicht gehört, daß Schnee miaut", sagte Großvater.
„Wollen wir nicht mal die Tür aufmachen?" fragte Bill.
„Jetzt um diese Zeit?" sagte Großvater und blickte hilfesuchend zur Uhr, deren Zeiger auf acht Uhr zugingen.
„Mi-au, miau, mi-au!!!"
„Meine Güte, da sind wir schön in der Klemme", stöhnte Großvater. „Draußen muß eine Katze sein, und wir können sie bei Sturm nicht draußen lassen, andererseits dürfen wir die Tür zu so später Stunde nicht öffnen."
„Warum eigentlich nicht?" fragte Bill. „Wir könnten doch die Tür ausnahmsweise kurz öffnen und wieder zu unserer Regel zurückkehren."
„Und in der Zeit könnte die Katze hereinschlüpfen...,"
meinte Großvater. Sie sahen sich erleichtert an, und während Großvater noch sagte: „Das ist die Lösung", hatte er schon die Tür aufgerissen. „Aber beeil dich!" rief er in das Dunkel hinaus.
Ein kalter Luftzug wehte Schnee ins Zimmer. Das Feuer flackerte unruhig. Die Seiten einer Zeitschrift schlugen auf.
„Oh weh, o weh", jammerte Großvater und ging in seiner Aufregung sogar hinaus auf die Veranda. „Wer immer du bist, warum kommst du denn nicht endlich herein? Du bringst das ganze Haus durcheinander."
„Aber Großvater, er ist doch schon drinnen", sagte Bill.
Der alte Fanshaw sah sich um. Neben dem Feuer hockte ein magerer junger Kater mit großen Augen und Ohren, einem langen dünnen Schwanz und langen dünnen Beinen. Er leckte sich den Schnee vom Fell und beachtete weder Bill noch den Großvater, der schleunigst die Tür schloß.
„Tch, tch, tch", machte er. „So eine Aufregung! Und was soll nun geschehen? Ein Kater ist in unseren Regeln nicht vorgesehen."
Bill schaute schweigend den Kater an, der sich unablässig putzte. Die alte Uhr rührte sich und verkündete durch achtmaliges Schlagen, daß es an der Zeit war, ins Bett zu gehen. Großvater sah in den immer noch gegen das Fenster stiebenden Schnee. „Na gut", sagte er. „Wir halten es so, wie mit dem Türöffnen. Heute Nacht

mag er ausnahmsweise hierbleiben, aber morgen muß er seiner Wege gehen. Jede Veränderung ist von Übel."

Er gab dem Kater noch eine Schale mit Milch, und dann gingen sie hinauf in die Schlafzimmer. Großvater nahm ein Buch mit; er ließ sich zwar von der Uhr befehlen, wann er ins Bett zu gehen, nicht aber, wann er einzuschlafen hatte. Manchmal las er die ganze Nacht durch.

Bill nahm sich auch ein Buch mit, eines, das er beinahe selbst lesen konnte. Den Kater nahm er ebenfalls mit, weil er meinte, daß es ihm nach der ausgestandenen Kälte gefallen würde, auf einer Bettdecke zu liegen. Es gefiel ihm tatsächlich, er schnurrte zufrieden, leckte Bill die Hand und verbrachte die Nacht dann unter der Bettdecke.

Am anderen Morgen bekam Bill Honig und Sahne zu den Haferflocken; für sich selbst nahm Großvater braunen Zucker, und dem Kater gab er Sahne dazu.

„Ob er das mag?" fragte Bill.

„Natürlich mag er das", behauptete Großvater. „Wir essen sie auch, und dabei bleibt es."

Der Kater schien einverstanden. Jedenfalls ließ er nichts übrig und miaute nach mehr.

Großvater bemerkte es mit Genugtuung. „Siehst du, das ist ein Kater, der weiß, was sich gehört. „Der Kater putzte sich das Fell, sprang dann aufs Sofa und legte sich schlafen. Großvater ging zum Fenster und schaute hinaus. Draußen schneite es nicht mehr. Auf der Wiese lag eine dichte Schneedecke und glitzerte in der Morgensonne.

„Der Schnee sieht zwar schön aus", sagte Großvater zu Bill und dem Kater," aber er liegt auch sehr hoch. „Sein Blick wanderte von dem kleinen schlafenden Kater wieder hinaus auf den Schnee.

„Wir müssen mal überlegen", sagte Großvater. „Eigentlich haben wir doch keine Regel, die uns verbietet, einen Kater oder sonst ein Tier zu haben."

„Nicht, daß ich wüßte", sagte Bill glücklich.

„Ich auch nicht. Und einer von uns müßte es ja wissen. Außerdem kennt sich dieser Kater bereits mit Haferflocken aus. Die übrigen

Regeln bringen wir ihm auch noch bei, und dann ist alles wie immer", erklärte Großvater. Sie nannten den Kater nach der Bilderbuchkatze Tom Kitten und weihten ihn in seine Regeln ein, die sich etwas von ihrigen unterschieden. Natürlich brauchte Tom Kitten keinen Schal zu tragen, aber dafür durfte er auch nie aus dem Haus.
„Niemals?" fragte Bill.
„Niemals!" bestimmte Großvater. „Er würde sich gewiß zwischen all den Bäumen verirren. Er ist ein viel zu kleiner Kater, um das Geheimnis des Waldes zu verstehen."
„Aber er wird zu einem großen Kater heranwachsen".
Doch Großvater blieb dabei: „Dann ist er ein großer Kater, der nichts vom Geheimnis des Waldes versteht."
Also durfte Tom Kitten nicht aus dem Haus, ganz gleich, wie oft er auch an der Vordertür, an der Hintertür und an jedem Fenster miaute. Anfangs schien ihn das wenig zu stören. Mit hocherhobenem Kopf und Schwanz spazierte er durch das Haus, er verfolgte Großvater und Bill, jagte seinem eigenen Schwanz nach und versteckte sich unter den Möbeln. Er schlief in Bills Bett und hielt sein Mittagsschläfchen auf Großvaters Schoß. Allmählich wurde er so groß, daß Großvater vorschlug, ihn Tom Cat zu nennen. Das gefiel Bill, und er rief gleich: „Tom Cat, komm!" Tom Kitten aber ließ sich nicht blicken.

Großvater Fanshaw und Bill konnten nicht begreifen, daß ein Kater seine eigenen Regeln hat, die anders sind, als die Regeln der Menschen - selbst wenn es noch so nette Menschen waren, die ihm Nahrung, Wärme und den Schoß zum Schlafen boten.

Tom Kittens Regeln sahen so aus:

Hör nur auf einen Namen.
Wasch dich nach dem Essen.
Schlaf nach dem Waschen.
Rühr keine Haferflocken an, außer du bist am Verhungern.
Versuch überall hinzugelangen, wo man draußen bleiben soll.
Versuch überall hinzugelangen, wo man drinnen bleiben soll.
Seit Tom Kitten bei den Fanshaws war, hatte er all diese Regeln befolgt - mit Ausnahme der letzten.

Nachdem Haferflocken ihn vor dem Verhungern bewahrt hatten, rührte er sie nicht mehr an und wartete auf das Mittagessen und auf Fleisch.

Im Haus kannte er jeden Schrank und jede Schublade; er hatte jedes Zimmer sowie Keller und Boden bis in jeden Winkel durchstöbert.

Besorgt beobachteten Großvater und Bill, wie der Kater allabendlich, wenn die Sonne untergegangen war, kläglich miauend umherstrich.

„Ob er von hier fort will?" fragte Bill.

„Das glaube ich nicht", sagte Großvater. „Vermutlich möchte er nur kommen und gehen, wie es ihm paßt."

Mit den Pfoten versuchte Tom Kitten an jeder Tür, an jedem Fenster, ob ihm durch irgendeine Nachlässigkeit die Freiheit winkte.

Im Winter war er gekommen, aber jetzt sproß das Gras draußen grün und dicht, die Bäume wiegten sich im Frühlingswind, und alles auf der Welt kam Tom Kitten wild und frei vor, nur er selbst fühlte sich nicht frei.

„Er hat sich verändert", sagte Bill. „Er jagt gar nicht mehr seinem Schwanz nach, und schnurren tut er kaum noch."

„Er sehnt sich nach draußen", erklärte Großvater. „Aber wir dürfen es nicht zulassen. Er würde sonst in den Wald laufen und sich dort verirren. Der Wald ist zu groß für kleine Katzen und Menschen."

Bill schaute durch das Fenster hinüber zu den Bäumen, die im Dämmerlicht düster und gefährlich aussahen. Er war froh, daß er und Tom Kitten in Großvaters Haus in Sicherheit waren. Tom Kitten aber saß auf seiner Schulter und starrte mit sehnsüchtigen Augen weiter hinaus in das hereinbrechende Dunkel.

Dann geschah etwas höchst Ungewöhnliches. Die Flurklingel läutete. Großvater blickte ratlos zur Uhr. „Wer kann das sein?"

Die Uhr tickte bedeutungsvoll, und die Klingel ertönte noch einmal. Großvater gab Bill ein Zeichen, sich ruhig zu verhalten, und es klingelte abermals. Großvater sprang auf und sah vorsichtig aus dem Fenster.

„Draußen steht ein Polizist", sagte er.
„Dann müssen wir aufmachen!" rief Bill. Er freute sich über dieses unerwartete Ereignis.
„Ja, da hilft wohl nichts", brummelte Großvater und öffnete die Tür einen Spalt breit.
„Was gibt's, Herr Wachtmeister?" fragte er und fuhr dann fort, um etwas entgegenkommender zu sein: „Erst einmal guten Abend, Herr Wachtmeister, was kann ich für sie tun?"
Der Polizist erwiderte den Gruß und fragte: „Haben Sie den Bankräuber gesehen?"
„Bankräuber!" rief Großvater entsetzt. „Wo ist er?"
„Das ist es, was ich selber wissen möchte", entgegnete der Polizist. „Sie haben ihn also nicht gesehen?"
„Das fehlte mir noch!" sagte Großvater Fanshaw. Bill nahm Großvaters Hand und hielt sie ganz fest, für den Fall, daß Großvater sich fürchtete.
„Ich denke, ich schaue vorsichtshalber mal durch das ganze Haus", schlug der Polizist vor.
„Selbstverständlich!" Großvater öffnete die Tür. „Kommen Sie nur herein und schauen sich um."
Nachdem der Polizist dann jeden Winkel des Hauses durchsucht und sogar auf dem Dach nachgeschaut hatte, sagte er: „Das wär's denn wohl. Vergessen Sie aber nicht, gut abzuschließen."
„Natürlich nicht", sagte Großvater. „Das wäre gegen unsere Abendregeln." Mit einem befriedigten „Dann ist ja alles in Ordnung!" verließ der Polizist das Haus und fuhr davon.
Großvater atmete tief auf. „War das eine Aufregung. Und nun hilf mir schnell, Bill. Wir haben uns heute ziemlich verspätet. Du schließt die Haustür und die Küchentür ab, und ich mache die Fensterläden zu."
Als sie damit fertig waren, fiel ihnen auf, daß Tom Kitten nirgendwo zu sehen war. Bill kam ein schrecklicher Gedanke.
„Großvater", rief er. „Als der Polizist kam, haben wir die Haustür offen gelassen."
Großvater stöhnte: „Oh, wie konnten wir nur so unverantwortlich sein. Tch, tch, tch."

„Vielleicht ist er trotzdem nicht hinausgelaufen," sagte Bill hoffnungsvoll. „Er kennt doch unsere Regeln."
Großvater wiegte den Kopf und sagte: „Er kennt sie zwar, aber ich fürchte, er hat seine eigenen Regeln, die in Widerspruch zu den unseren stehen."
Noch einmal durchsuchten sie das ganze Haus. Sie schauten noch gründlicher nach, als sie es vorher mit dem Polizisten auf der Suche nach dem Bankräuber getan hatten. Schließlich war Tom Kitten ihr Freund und Hausgenosse, doch sie fühlten, daß er nicht mehr da war.
„Er ist ganz sicher in den Wald gelaufen", sagte Großvater.
Bill kamen die Tränen. Großvater räusperte sich und holte tief Luft. „Wir müssen ihn suchen."
Entsetzt fragte Bill: „Im Wald? Jetzt bei Dunkelheit?"
„Wir müssen ihn suchen", wiederholte Großvater, „ganz gleich, welcher Gefahr wir uns aussetzen. Er ist ein Kater ohne Erfahrung, und nur durch unsere Nachlässigkeit konnte er entwischen. Nun ist es unsere Pflicht, ihn wiederzufinden und heimzuholen. Vergiß nicht deinen Schal."
Obwohl es eine milde Frühlingsnacht war, banden sie sich ihre Schals um. Großvater nahm seinen Spazierstock und eine Taschenlampe. Bill steckte ein paar Hundekuchen ein. Er wußte, daß Tom Kitten sie gern fraß, und er wollte ihn damit trösten, falls sie ihn verstört und verängstigt in dem geheimnisvollen Wald wiederfinden sollten.
Sie tauchten im Dickicht des Waldes unter, Großvater vornweg, Bill dicht hinter ihm. Das Licht der Taschenlampe war nur schwach und ließ die Schatten länger, die Bäume höher und die Dunkelheit dunkler erscheinen. Ringsum waren sie von unheimlichen Lauten umgeben. „Schu, schu", tönte es aus dem Baumwipfel und „ra, rah, wah" aus einem anderen.
„Ahem", machte Großvater, „hm."
Bill schluckte und stolperte. Doch sie gingen weiter und riefen: „Tom Kitten, wo steckst du?"
Das Wirrwarr des Unterholzes und der Brombeerranken wurde fast undurchdringlich; ihre Füße sanken im Moos ein. Der Nacht-

wind orgelte in den Wipfeln, und plötzlich rollte ein Donnerschlag, dem ein greller Blitz folgte. Danach kam es Großvater und Bill so vor, als sei es um sie herum noch dunkler als zuvor.
Pat, pat, platsch... . Erstaunt lauschten sie. Pat, pat, platsch... . Es waren Regentropfen, die auf das Blätterdach über ihnen fielen und auf den Waldboden herunterrieselten.
„Auch das noch!" klagte Großvater. „Wir sollten nach Hause gehen und morgen früh weitersuchen."
Bill sah auch nicht so aus als wollte er länger in der feuchten Waldwildnis bleiben.
„Auf denn!" sagte Großvater und machte sich auf den Rückweg, während Bill die entgegengesetzte Richtung einschlug.
„Halt, wir müssen hier entlang gehen", bestimmte Großvater.
„Wir kamen aber von dort", widersprach Bill.
„Na, na, nur nicht nervös werden und vielleicht noch auseinandergeraten", sagte Großvater. „Wir wollen mal überlegen."
Da standen sie nun im Waldesdunkel, wurden naß und nasser und dachten nach. Und je mehr sie nachdachten, desto weniger wußten sie, wo sie sich befanden. Sie kannten weder den Weg, den sie gekommen waren, noch den Weg, den sie zu gehen hatten. Und sie hatten keine Regel zur Hand, nach der sie sich in diesem Fall hätten richten können.
„Wir haben uns verirrt", dachte Bill. „Wir haben uns verirrt", sagte Großvater. Er stocherte mit seinem Spazierstock herum. Hier scheint ein Plätzchen zu sein, wo wir den Regen abwarten können."
Im matten Lichtstrahl der Taschenlampe konnten sie die weit heruntergebogenen Zweige einer Hemlocktanne erkennen. Darunter waren sie geschützt wie in einem Zelt; es war trocken und warm und roch würzig. Fast hätte Bill sich dort wohl gefühlt, wenn ihm nicht bewußt gewesen wäre, daß sie sich verirrt hatten und Tom Kitten ebenfalls. Ganz in Gedanken knabberte er an einem Hundekuchen. Er schmeckte ihm gut, und er bot Großvater auch einen an. So saßen die beiden im allmählich verlöschenden Licht der Taschenlampe in ihrer geschützten Höhle und knabberten Hundekuchen. Der Lichtstrahl und die Hundekuchen gingen

zur selben Zeit aus. Endlich hörte auch der Regen auf, und der Mond erschien. In seinem Licht schimmerte alles weicher und freundlicher, die Regentropfen glitzerten auf den Zweigen. Vor Großvater und Bill tauchte plötzlich ein Rehkitz auf; es huschte vorüber wie ein sanfter Luftzug. Nach einer Weile kam ein Skunk gemächlich des Wegs, und bald darauf folgte ein Waschbär, der nach Pilzen schnoberte.

„Hier muß ein Wildwechsel sein", sagte Großvater mit einer Stimme, die keinen Widerspruch duldete. Sie verfielen in Schweigen. Nach einer Weile fragte Großvater mit völlig veränderter Stimme: „Hältst du Regeln für falsch?"

„Aber Großvater", erwiderte Bill, „gibt es eine falsche Regel?"

„Wer behauptet denn, daß eine Regel immer richtig sein muß?" brummte Großvater.

Bill war zu sehr an Regeln gewöhnt, als daß er diese überraschende Bemerkung sofort anerkennen konnte. „Die Regel besagt, daß wir uns verirren, wenn wir in den Wald gehen", erklärte er. „Und wir haben uns verirrt!"

„Stimmt, stimmt", sagte Großvater erleichtert darüber, daß eine seiner Regeln sich als zutreffend erwiesen hatte. „Andererseits, Bill", fuhr er nach kurzem Nachdenken fort, „wenn wir den Wald besser kennen würden, könnten wir uns auch nicht darin verirren. Und deshalb stimmt die Regel eben doch nicht."

Vielleicht stimmen einige Regeln und andere tun es nicht", sagte Bill.

„Vielleicht..." Großvater wollte etwas sagen, aber im selben Augenblick hörten sie ein leichtes Rascheln und sahen ein Tier auf sich zukommen. — „Tom Kitten!" Bill stieß einen Freudenschrei aus. „Es ist Tom Kitten!"

Mit hocherhobenem Kopf und Schwanz spazierte Tom Kitten daher und lugte unter die tief herunterhängenden Zweige der Hemlocktanne. — "Mi-au", begrüßte er die beiden. Dann setzte er seinen Weg fort, schaute sich aber gleich wieder um, ob sie ihm auch folgten. Er war ein Kater, der die Freiheit liebte, doch nun wollte er heim und sein Futter haben, danach sein Fell putzen und schlafen.

„Wir werden ihm nachgehen", schlug Großvater vor.
„Aber er hat sich doch auch verirrt", sagte Bill.
„Das glaube ich nicht", sagte Großvater. Sie verließen ihr Zelt aus Zweigen und folgten Tom Kittens weißem Schwanz durch den Wald, bis sie vor ihrem Haus standen. Dort wartete schon der Polizist auf sie. „Ich bin gekommen, um sie zu beruhigen. Der Bankräuber ist in einer ziemlich weit entfernten Stadt verhaftet worden, wir können uns wieder sicher fühlen. „Damit verabschiedete er sich auch gleich wieder, denn er mußte noch mehr Leuten die beruhigende Nachricht bringen.
Als Großvater und Bill mit Tom Kitten im Hause waren, schlossen sie wie gewohnt hinter sich ab.
„Wenn eine Regel sich als falsch erwiesen hat, heißt das noch lange nicht, daß sie alle nicht mehr stimmen", sagte Großvater. „Manche sind vernünftig und beherzigenswert, aber das gilt wiederum nicht für alle. Wir werden es von jetzt ab so halten, daß wir uns nach einigen Regeln richten, während sich die übrigen nach uns richten müssen."
Und damit begannen sie sofort. Sie gingen spät zu Bett und schliefen am Morgen lange. Zum Frühstück gab es für Großvater und Bill Eier und Schinken und für Tom Kitten Bückling. Und nach dem Frühstück unternahmen alle drei einen Bummel in den Wald. So hielten sie es an jedem folgenden Tage, und jedesmal stießen sie ein wenig weiter vor, denn Tom Kitten fand immer den Heimweg, und bald kannten Großvater und Bill ihn auch.
Jeden Abend brachten sie Essensreste für den Skunk und den Waschbären an den Waldrand, und jeden Morgen waren die Reste verschwunden.
Als der Winter hereinbrach, fütterten sie die Vögel, und wenn der Schnee zu hoch lag, auch das Wild.
So war denn in gewisser Weise der Wald doch noch zu ihnen gekommen, wie sie letzten Endes auch zum Wald gekommen waren. Er kam ihnen nun überhaupt nicht mehr unheimlich vor.

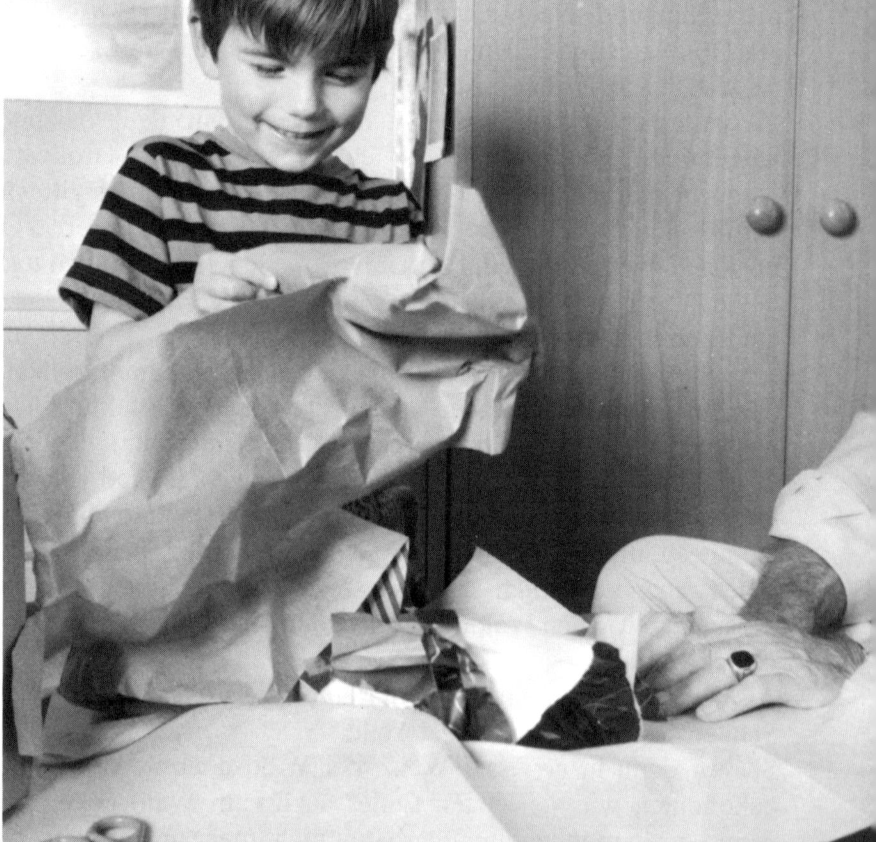

Kapitel 9

Nichtiges? Wichtiges!

Es gibt kleine Merkposten für den Alltag mit Kindern, die vieles leichter machen. Und die die Stimmung heben: Wiederkehr von Bekanntem gehört ebenso dazu wie ab und an ein kleines Geschenk.

Verläßlichkeit

Das lieben die Kinder besonders: Rituale, kleine liebenswerte Gewohnheiten, die sich wiederholen, auf die immer Verlaß ist und die es nur bei Oma und Opa gibt.
Mit den Ideen in diesem Kapitel können Sie mit winzigen Geschenken und netten kleinen Gesten den Enkeln riesige Freude bereiten. Sie können Ihrer Lust zum Verwöhnen frönen, und die Enkelkinder können es nach Herzenslust genießen, daß sie bei Ihnen im Mittelpunkt stehen.

1 Der Spielesack

Sie schreiben auf viele kleine Zettel viele ganz verschiedene Spiele, falten die Zettel zusammen und stecken sie in einen Sack. Einmal am Tag darf Ihr Enkelkind in den Sack greifen, einen Zettel herausfischen, den Zettel auseinanderfalten, lesen und das Spiel mit Ihnen spielen, das auf dem Zettel genannt ist.

2 Ein Ballon für jeden Tag

Wenn Ihr Enkelkind länger zu Ihnen zu Besuch kommt, brauchen Sie für jeden Tag, den es bei Ihnen verbringt, einen Luftballon.
Für jeden Ballon bereiten Sie eine Überraschung vor: zum Beispiel eine kurze Vorlesegeschichte (Sie können sie aus einem Buch kopieren), ein lustiges Tierfoto aus einer Zeitschrift, oder Sie finden eine komische Notiz in der Zeitung, die Sie ausschneiden.
Die einzelnen Zettel, Zeitungsaussschnitte usw. werden zusammengerollt oder zusammengefaltet und in jeweils einen Ballon gesteckt. Dann blasen Sie die Ballons auf, binden sie zu und hängen sie nebeneinander an eine Strippe, die Sie quer übers Kinderbett hängen. Jeden Abend vorm Schlafengehen kann Ihr Enkelkind einen Luftballon von der Strippe abschneiden, ihn zum Platzen bringen, damit es sich den Inhalt holen kann, den Sie dann vorlesen oder auf dem Sie gemeinsam das Bild betrachten.

3 Das Lexikonspiel

Jeden Tag nehmen Sie sich zusammen mit Ihrem Enkelkind eine Doppelseite im Lexikon vor.
Ihr Enkelkind schlägt irgendeine Doppelseite auf. Sie lesen vor, welche Themen auf dieser Doppelseite angesprochen werden, und Sie entscheiden gemeinsam, welches Thema, welchen Abschnitt im Lexikon Sie vorlesen und mit dem Kind besprechen.

4 Der Abendspaziergang

Ein Spaziergang wird verlockend, wenn Sie ein Extra mitliefern: Jeden Abend machen Sie einen kurzen Gang mit Ihrem Enkelkind, drehen täglich die gleiche Runde, und Ihr Enkelkind darf zu Beginn der Runde ein Thema stellen, über das es gerne mit Ihnen reden möchte.

5 Der Groschen-Eisberg

Sie füllen einen leeren Joghurtbecher mit Wasser, legen ins Wasser drei blitzeblanke Groschen und frieren das ganze im Tiefkühlfach ein. Später geben Sie den Eisklumpen Ihrem Enkelkind mit ins Wasser, das dann damit beschäftigt ist, das Eis im warmen Wasser aufzutauen, um an die Groschen zu kommen.

6 Die Besuchertasse

Wer als Kind zu den Großeltern zu Besuch kommt, darf seinen Tee oder Kakao aus einer besonderen Tasse trinken — aus einer Tasse, die nur zu dieser Gelegenheit aus dem Schrank genommen wird und die kein anderer benutzen darf. Sicher möchte Ihr Enkelkind sich vorher eine eigene Tasse aussuchen und kaufen.

7 Das Oma-Opa-Lotto

Sie fertigen zusammen mit Ihrem Enkelkind ein Lottospiel: Sie schneiden zehn 10 x 10 cm große und zehn 5 x 5 cm große Plättchen aus Pappe aus. Dann zeichnen sie zusammen 20 kleine Bildchen in Groschengröße auf Papier, jeweils zweimal: zehn Symbole wie zum Beispiel Blume, Hase oder Stern. Nun werden

die Blumen, Hasen und Sterne ausgeschnitten und jeweils eine Blume, ein Hase, ein Stern usw. auf ein kleines Plättchen und die Pendants auf die großen kleben.
Zur Vorbereitung des Lottospiels die großen Plättchen auf einem Tisch ausbreiten und auf jedes Plättchen einen Gewinn legen — zum Beispiel ein Bonbon, einen Keks oder eine Nuß usw. Die kleinen Plättchen stapeln und verdeckt auf den Tisch legen. Das Spiel kann beginnen:
Der jüngste Spieler nimmt zuerst ein Plättchen vom Stapel, dreht es um, sucht das entsprechende Symbol auf dem großen Kärtchen und darf das einsammeln, was darauf liegt. Dann ist der nächste an der Reihe.

8 Wenn Post kommt

Post bekommen alle Kinder gerne. Ganz aufgeregt werden Kinder, wenn Sie einen an sie gerichteten Brief oder eine Karte mit ihrem Namen in Händen halten. Wer Post bekommt, ist schon ganz schön groß.
Sie brauchen keine langen Briefe zu schreiben, eine hübsche Postkarte mit einer Sonderbriefmarke, ein paar liebevolle Zeilen tun's auch.
Kunst auf Karten betrachten und die Karten an die Wand im Kinderzimmer pinnen, macht den meisten Kindern mehr Vergnügen als lange Gänge durch Gemäldegalerien.

9 Eine Wärmflasche mit Namen Ännchen

Wärmflaschen sind nicht schlecht. Und eine Wärmflasche, die einen Namen hat, ist doppelt interessant. Vor allem, wenn es solch eine Wärmflasche nur bei den Großeltern für besondere Gelegenheiten gibt. Diese Wärmflasche könnte zum Beispiel Ännchen heißen. Sie sieht aus wie alle anderen Wärmflaschen, hat allerdings ein Gesicht: zwei kugelrunde Augen aus selbstklebender Folie geschnitten und aufgepappt, ein Dreieck als Nase und ein Halbrund als Mund.

10 Ein Betthupferl mit Schleife

Betthupferl erleichtern den abendlichen Abschied von den Erwachsenen, mildern das Gefühl etwas zu verpassen, wenn man abschwirren muß in Richtung Bett.
Mal ist das Betthupferl unter dem Kopfkissen versteckt, mal ganz tief unter der Bettdecke. Und das Spannende daran: Das Betthupferl sieht von außen immer gleich aus: eine kleine, in einen Stofflappen gewickelte Schachtel, verschnürt mit Band. In der Schachtel findet sich jeden Tag eine andere Überraschung, z. B. ein Witzbild aus der Zeitung oder ein glänzender Glückspfennig.

11 Die Goldtruhe

Sie fertigen für jedes Enkelkind eine Schatztruhe: Einen nicht zu üppigen Karton mit Goldpapier bekleben. In diese Schatztruhen legen Sie einiges an gesunden Naschereien. Wenn Ihre Enkelkinder zu Besuch kommen, geben sie die Truhe für kurze Zeit zur Selbstbedienung frei. Die Kinder sollten wissen, daß sie sich ihre Habe einteilen müssen. Es gibt nicht gleich wieder Nachschub.

12 Das Glücksbärchen

Sie verstecken in Kuchenteig ein Gummibärchen. Wer's beim Essen im Kuchen findet, darf es bei Oma oder Opa gegen ein Minigeschenk eintauschen.

13 Der Omakuchen

Beim Kuchenessen kommt es Kindern nicht nur darauf an, daß der Kuchen gut schmeckt. Wichtig sind ihnen auch die Begleitumstände der nachmittäglichen Zeremonie: Wenn sie stets nach den gleichen Ritualen abläuft, es zum Beispiel immer einen bestimmten Kuchen gibt, werden die Enkel damit bald eine gemütliche Atmosphäre, ein Gefühl der Geborgenheit verbinden, das bei ihnen aufkommt, wenn es heißt: „Heute gehen wir zu Oma und Opa zum Kaffeetrinken."
Eine bleibende Erinnerung.

14 Das Tellergedicht

Mit Kindergedichten oder Gedichten für Erwachsene kommen viele Kinder heute kaum noch in Berührung.
Ein Gedicht, in Druckschrift von Opa oder Oma aufgeschrieben, ist erst recht etwas besonderes. Vor allem, wenn solch ein handgeschriebenes Gedicht ab und zu als Überraschung versteckt unter dem Teller liegt, wenn man zum Mittagessen an den Tisch kommt.
Jeden Mittag wieder schauen die Enkelkinder unter ihren Teller: Wer findet heute ein Gedicht?

Mitbringsel

Wenn Oma und Opa zu Besuch kommen und ein größeres Päckchen aus der Tasche holen oder andere Mitbringsel hervorkramen, beginnen die Augen der Enkelkinder zu leuchten: „Uih, ist das für mich?"

Auf den folgenden Seite gibt es eine Menge Vorschläge für Großeltern, die nach neuen Anregungen für Mitbringsel und Überraschungen für Enkelkinder suchen. Damit Ihnen die Ideen nicht so schnell ausgehen und das Leuchten in den Kinderaugen nicht verlischt.

15 Spiegelkabinett

Sie brauchen einen Streifen weißen Karton, vier ganz einfache Taschenspiegel im gleichen Format, Kleber und bunte Stifte.

So entsteht daraus ein Spiegelkabinett: Aus dem Karton einen Streifen schneiden, der ebenso hoch ist wie die Taschenspiegel.

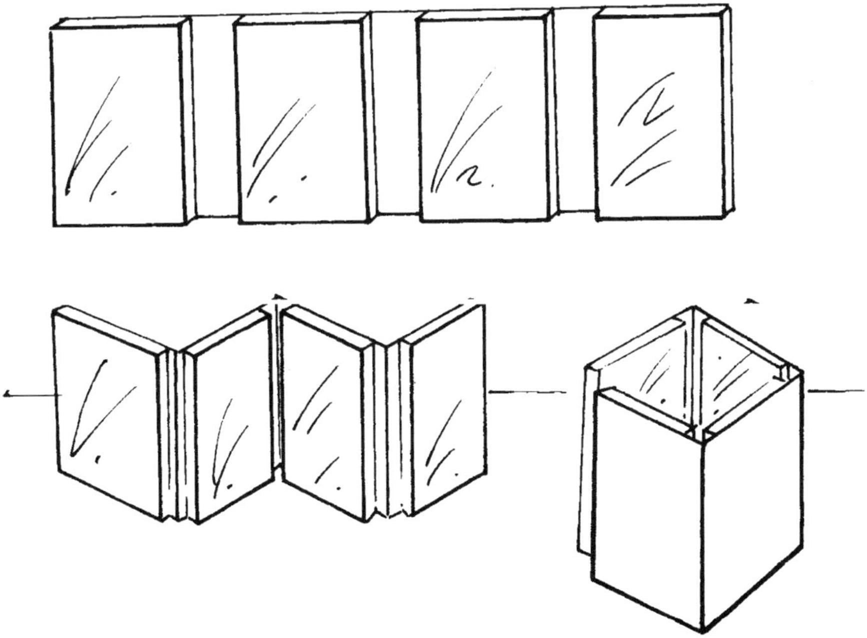

Die vier Spiegel auf den Karton kleben. Zwischen den Spiegeln jeweils einen 2 cm breiten Streifen stehenlassen. Den Rest des Pappstreifens abschneiden. Den Karton auf der Rückseite der Spiegel bemalen. Ein paar Spielvorschläge zu den Spiegeln:
— Den Karton zwischen den Spiegeln knicken und einen Raum mit vier Ecken aus den Spiegelwänden stellen mit einem schmalen Spalt, durch den kleine Spielfiguren in den Raum gelangen können.
— Eine Zickzackmauer aus Spiegeln bauen und mit Klötzen ein Bauwerk drum herum setzen.
— Ausprobieren, wie man die Spiegel halten muß, damit man sich selbst im Profil sieht.
— Ausprobieren, wie man die Spiegel halten muß, damit man sich selbst gleichzeitig möglichst häufig sieht.

16 Überraschungsnüsse

Das „Überraschende" dieser Nüsse ist, daß sie federleicht sind. Denn eine Überraschungsnuß hat keinen Nußkern in der Schale, sondern kleine zusammengefaltete Zettel — Gutscheine für gemeinsame Unternehmungen wie zum Beispiel „zusammen Eis essen gehen" oder „zusammen in den Zoo gehen".

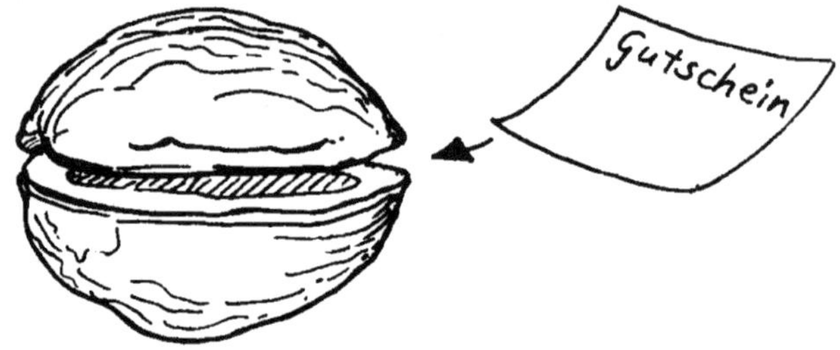

Und wie kommt der Zettel in die Überraschungsnuß?
Eine Walnuß wird behutsam mit einem Messer geöffnet, so daß die Schale nicht beschädigt wird. Das Messer am spitzen und am runden Ende der Nuß ansetzen. In die leere Nußschale den Gutschein legen und die Schale wieder zusammenkleben.

17 Korkschiffe

Sie brauchen einen Korken, ein Stück weiße Pappe und ein paar Buntstifte. Den Korken mit einem scharfen Messer der Länge nach halbieren. Zwei Dreiecke als Segel aus Karton schneiden und mit Buntstiften bemalen. Die Länge des Segels muß der Länge der Korkenhälfte entsprechen. In die Flachseite jeder Korkenhälfte einen Schlitz schneiden. In den Schlitz die Segel stecken. Die kleineren Enkelkinder spielen sich gern mit den Segelschiffen in der Badewanne.

18 Selbstbemalte T-Shirts

Sie kaufen für Ihr Enkelkind ein weißes T-Shirt und dazu ein paar Stoffmalstifte oder andere Farben, die sich zum Bemalen von Stoff eignen. Verschenken Sie das Ganze, und bald können Sie Ihr Enkelkind in einem selbstbemalten T-Shirt bewundern.

19 Lupe mit Fundsachen

Sie besorgen eine Lupe und packen Sie zusammen mit Dingen ein, die, unter der Lupe betrachtet, erst richtig interessant sind. Zum Beispiel:

— ein Stück Baumrinde,
— eine getrocknete Blüte,
— ein kleines Blatt.

20 Das klitzekleine Riesenpaket

Ein Markstück ist heute kein besonders aufregendes Mitbringsel mehr für Kinder. Spannender wird die Angelegenheit, wenn das Markstück in viele verschiedene Papiere eingewickelt ist und als üppiges Päckchen ausgehändigt wird.

21 Die ganz besondere Märchenkassette

Wenn Sie die Lieblingsgeschichten und Lieblingsmärchen Ihrer Enkel kennen, können Sie leicht dafür sorgen, daß das Kind die Geschichten jederzeit hören kann, auch wenn niemand zum Erzählen oder Vorlesen greifbar ist: Voraussetzung ist, Sie haben zuhause oder in der Bekanntschaft jemanden, der ein Kassettenabspielgerät mit Aufnahmemöglichkeit und ein Mikrofon hat. Dann sprechen Sie die Lieblingsgeschichten Ihres Enkelkindes auf eine Kassette. Die Überraschung ist perfekt.

22 Der Eine-Woche-Kalender

Sie besorgen sieben kleine Geschenke, die bei den Kindern „in" sind: Haarspange, Marienkäfer, Herzchenaufkleber, Rubbelbild, Bleistift in Miniformat, Superbonbon oder Cremeprobe aus der Drogerie zum Beispiel. Jedes Geschenk sorgfältig in Papier einwickeln, verschnüren und beschriften. Die Wochentage von Montag bis Sonntag auf die Päckchen schreiben und alle sieben Päckchen an ein langes Band binden. Dann hat Ihr Enkelkind eine Woche lang jeden Tag eine Überraschung auszupacken, ein kleines Geschenk, das es an Sie erinnert.

23 Die Raterolle

Seifenblasen sind immer gefragt und als Mitbringsel gut zu gebrauchen. Aus der Übergabe des Geschenks läßt sich ein Ratespiel machen: Die Röhre mit den Seifenblasen in eine Papprolle stecken. Die Papprolle mit Geschenkpapier bekleben und das Papier an beiden Enden zubinden. Dreimal raten darf das Enkelkind, was in der Rolle steckt.

24 Geschenk auf Rädern

Ein Geschenk, das auf Rädern über den Tisch auf Ihr Enkelkind zurollen kann. Und so wird's gemacht: Ein Spielzeugauto kaufen und unter einer kleinen Schachtel verstecken. Die Schachtel sollte in der Größe in etwa der Größe des Spielautos entsprechen. Gleiche Länge, gleiche Breite. Die Schachtel auf einer Seite aufschneiden, dann übers Auto stülpen, mit Klebeband so am Chassis des Wagens befestigen, daß sie rollt. Zum Schluß die übrigen Flächen der Schachtel mit Geschenkpapier bekleben.

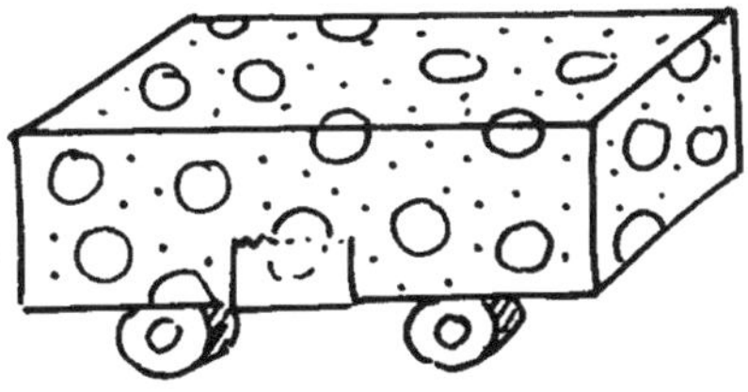

25 Kuchen mit Fahnen

Sie backen einen kleinen Rührkuchen in einer kleinen Kuchenform und verzieren ihn mit möglichst vielen Fähnchen, die sie ohne große Mühe selbst machen können.
Sie brauchen: Zahnstocher, Papier, Stift, Schere und Klebstoff. Aus dem Papier schneiden Sie viele kleine Rechtecke. Format pro Rechteck etwa 5 x 3 cm. Auf jedes Rechteck schreiben Sie, was Sie sich für Ihr Enkelkind wünschen. Jedes Rechteck kleben Sie an einen Zahnstocher und stecken die Fähnchen in den Kuchen.

26 Bastelkasten

Ein Geschenk für alle Kinder, die gerne schnipseln und kleben. Sie stellen Bastelmaterial zusammen, das nicht im Laden gleich um die Ecke zu haben ist, sondern etwas edleres, aufwendigeres Material, das Sie in den meisten Kaufhäusern, Spielwaren-, Dekorations- und Bastelgeschäften auftreiben können. Zum Beispiel ein paar besondere Stifte, Litzen, Bänder, Folien, dazu Kleber und vor allem ein paar schöne Papiere. Alles zusammen wird in einem Karton untergebracht.

27 Bemalte Holzperlen

Dieses Mitbringsel erfordert ein paar Vorbereitungen: Sie brauchen Holz- oder Tonperlen aus dem Bastelgeschäft, eine Cellophantüte, ein paar Filzstifte und einige Schaschlikspieße, eventuell noch Klarlack.
Dann werden die Perlen bearbeitet: Ein paar Holzperlen auf Schaschlikspieße stecken. Eine Perle nach der anderen auf einen Spieß stecken, in der Hand halten und mit Filzstiften anmalen: Streifen und Punkte, Zickzacklinien und Bögen usw Nach der Bemalung mit Klarlack lackiert, bleiben die Farben länger erhalten. Wenn Sie ein paar bemalte und etliche unbehandelte Perlen in die Cellophantüte packen, einen Filzstift dazugeben und einen Holzspieß, daß die Kinder selber weitermachen können, dann ist das Mitbringsel komplett.

28 Glockenkette

Ein preisgünstiges und beliebtes Spielzeug für kleine Kinder: Ein paar Glöckchen aus dem Bastelgeschäft werden jeweils im Abstand von ein paar Zentimetern an ein langes Band in einer leuchtenden Farbe genäht. Das Band zusammenknoten. Am Fenster oder der Tür aufgehängt, bewegt es sich im Wind, und es klingelt leise.

29 Das Glockenspiel

Für dieses Spiel brauchen Sie eine größere Glocke, einen Tennisball und ein Taftband. Die Glocke an das 1 bis 2 m lange Band knoten und zusammen mit folgender Spielanleitung verschenken: Die Glocke aufhängen, zum Beispiel an den Ast eines Baumes oder an ein Klettergerüst. Nun aus einiger Entfernung versuchen, die Glocke mit dem Tennisball zu treffen. Spielen mehrere Kinder mit, gewinnt derjenige das Spiel, der die Glocke am häufigsten zum Läuten bringt.

30 Ein Seil, nicht nur zum Hüpfen

Mit einem Seil läßt sich außer Hüpfen noch eine Menge anfangen:

- Das Seil über zwei Hocker legen und drunter durch krabbeln.
- Das Seil über zwei Astgabeln legen, die im Boden stecken, und drüberspringen.
- Das Seil auf den Boden legen und darauf balancieren.
- Aus dem Seil eine Schnecke legen und in die Schnecke hinein- und wieder herauslaufen oder auf einem Bein in die Schnecke hinein- und wieder heraushüpfen.

31 Glücksbringerkuchen

Im Teig eines selbstgebackenen Kuchens, am besten ein Rührkuchen, wird eine Erbse versteckt. Wer die Erbse später beim Kuchenessen findet, ist der Glückspilz des Tages. Er oder sie kann den Fund gegen einen Glücksbringer eintauschen: einen blitzenden Pfennig, den Sie — extra eingepackt — zusammen mit dem Kuchen als Mitbringsel dabeihaben.

32 Kuchenlandschaft

Damit das Kuchenessen noch interessanter wird, hier eine Idee zur künstlerischen Gestaltung eines Kuchens. Sie brauchen:

einen Tortenboden
Schokolade zum Schmelzen
2 Eier
1 EL Puderzucker
Lebensmittelfarbe in grün
Honigbonbons (Naturkostladen !)

Nun gestalten Sie eine Landschaft auf dem Tortenboden: Schokolade in einen Topf geben. Bei geringer Hitze auf dem Herd unter Rühren zum Schmelzen bringen. Mit Pinsel Weg aus Schokolade auf Tortenboden malen, Eier trennen, aus dem Eiweiß Eischnee schlagen. In den Eischnee den Puderzucker und die grüne Lebensmittelfarbe einrühren. Die restliche Fläche des Tortenbodens mit dem grünem Zuckerguß bestreichen und dann auf diese Wiese ein paar Bonbons als Blümchen kleben.

33 Ein Strauß Luftballons

Sie beschriften fünf Zettel, schreiben auf den ersten Zettel zum Beispiel ein Kindergedicht, auf den zweiten einen Witz, auf den dritten einen Brief, auf den vierten einen Spielvorschlag und auf den fünften eine Strophe von einem bekannten Lied. Alle Zettel klein zusammenfalten und jeden Zettel in einen anderen Luftballon stecken. Schließlich alle Luftballons aufblasen, verknoten, an Strippen binden und den Luftballonstrauß dann verschenken.

34 Selbstgemachte Marzipankartoffeln

500 g Marzipanrohmasse
5 EL Honig
3 TL Rosenwasser (gibt's in der Apotheke)
eine Messerspitze Vanillinzucker
2 EL Kakaopulver.

Die Marzipanmasse mit Rosenwasser, Vanillinzucker und Puderzucker verkneten. In der Hand aus der Masse kirschgroße Kugel drehen. Die Kugeln in Kakaopulver wälzen und dann zehn Minuten bei Mittelhitze in den Backofen geben.
Die Marzipankartoffeln in eine mit Geschenkpapier beklebte Schachtel legen.

35 Perlen für die Badewanne

Sie bringen Ihren Enkelkinder silberne Perlen mit. Und so entstehen die Perlen:

- Gummibärchen im Reformhaus oder Naturkostladen kaufen. Die enthalten nämlich keinen schädlichen Zucker, sondern Honig.
- Etliche Gummibärchen in Schnipsel aus Alufolie einwickeln.
- Diesen Silberschatz dann im Badewasser versenken und auf dem Grund der Wanne auslegen.

Einen solchen Silberschatz fischen alle Kinder gerne aus dem Wasser.

36 Das Glitzertier

Ein Markstück verwandelt sich in einen Hund oder ein anderes Tier, wenn Sie aus einem Papierstreifen vier Beine und einen Kopf falten und alles mit Klebeband an die Mark heften. Zum Schluß noch bemalen, je nach Tierart gestreift, bunt gescheckt, mit Mähne oder Rüssel.

37 Kettenbilder

Sie brauchen eine etwa 1 m lange Gliederkette, weißen Karton, Klebeband und einen Filzstift. Mit diesen Utensilien läßt sich

ohne großes Mühen ein lustiges Mitbringsel fertigen:

- Auf den Karton Teile eines Fantasietieres zeichnen, Ohren, Auge, ein Stück vom Hals und Rücken.
- Zwei Löcher in den Karton bohren: eins dort, wo die Zeichnung beginnt; eins dort, wo die Zeichnung endet.
- Die Kette auf den Karton legen, durch die Löcher ziehen und auf der Rückseite mit Klebeband befestigen.

38 Handschuhtypen

Aus Baumwoll-Handschuhen und Textilfarben können witzige Figuren entstehen:

- Auf die Handschuhe Gesichter zeichnen, zum Beispiel mit Pünktchen auf den Wangen, runden Kuller-Klimper-Augen und großen GrinseMündern.

- Eventuell noch Streifen aus Stoffresten oder Kreise aus Buntpapier auf und um die Handschuhe kleben.

39 Korkenkasper

Sie verwandeln einen Korken in eine Kasperfigur in Miniformat:

- Auf einen Korken mit Filzstift ein lustiges Gesicht malen.
- Aus einem Stoffquadrat, 6 x 6 cm, eine Tüte drehen und zusammenkleben.
- Dem Korken die Zipfelmütze überziehen und festkleben.
- Auf Papier zwei riesengroße bunte Ohren zeichnen und samt einer Klebelasche ausschneiden.
- Die Ohren an den Korkenkasper kleben.
- Zuletzt einen Schaschlikstab oder ein ähnlich gerades, dünnes Stäbchen in den Korken bohren.

Fertig ist er, der Korkenkasper.

40 Der bunte Roller

Sie brauchen zwei runde Bierdeckel und eine leere Streichholzschachtel. Die Streichholzschachtel mit weißem Papier bekleben. Das Papier mit Filzstiften verzieren: Kringel aufmalen oder Punkte oder Streifen. Die Bierdeckel ebenfalls mit

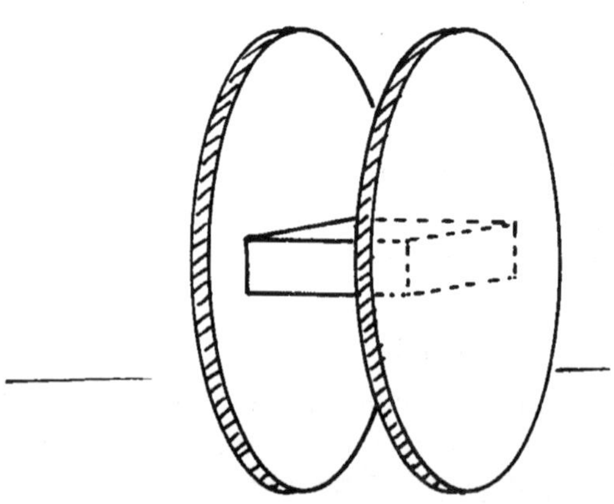

weißem Papier bekleben und bemalen. Die beiden Bierdeckel aufrecht stellen und durch einen Steg in der Mitte verbinden. Die Streichholzschachtel dazwischenkleben.
Ihr Enkelkind kann den Roller durchs Zimmer rollen und trudeln lassen, ihn mal mit wenig, mal mit viel Schwung in Gang setzen.

41 Der Glücksbringerturm

Aus drei leeren Streichholzschachteln bauen Sie den Glücksbringerturm:
— Die Schachteln aufeinanderkleben.
— Einen Streifen aus weißem Papier, so breit wie eine Streichholzschachtel, schneiden und den Turm damit bekleben. Die „Schubfächer" müssen sich noch öffnen lassen. Das Papier bemalen.
— Dann den Turm mit Glücksbringern füllen, zum Beispiel in die erste Schachtel einen glänzenden Glückspfennig legen, in die zweite ein echtes oder ein auf Papier gemaltes und dann ausgeschnittenes Kleeblatt mit vier Blättern. In die dritte ein rosarotes Schweinchenbild legen.

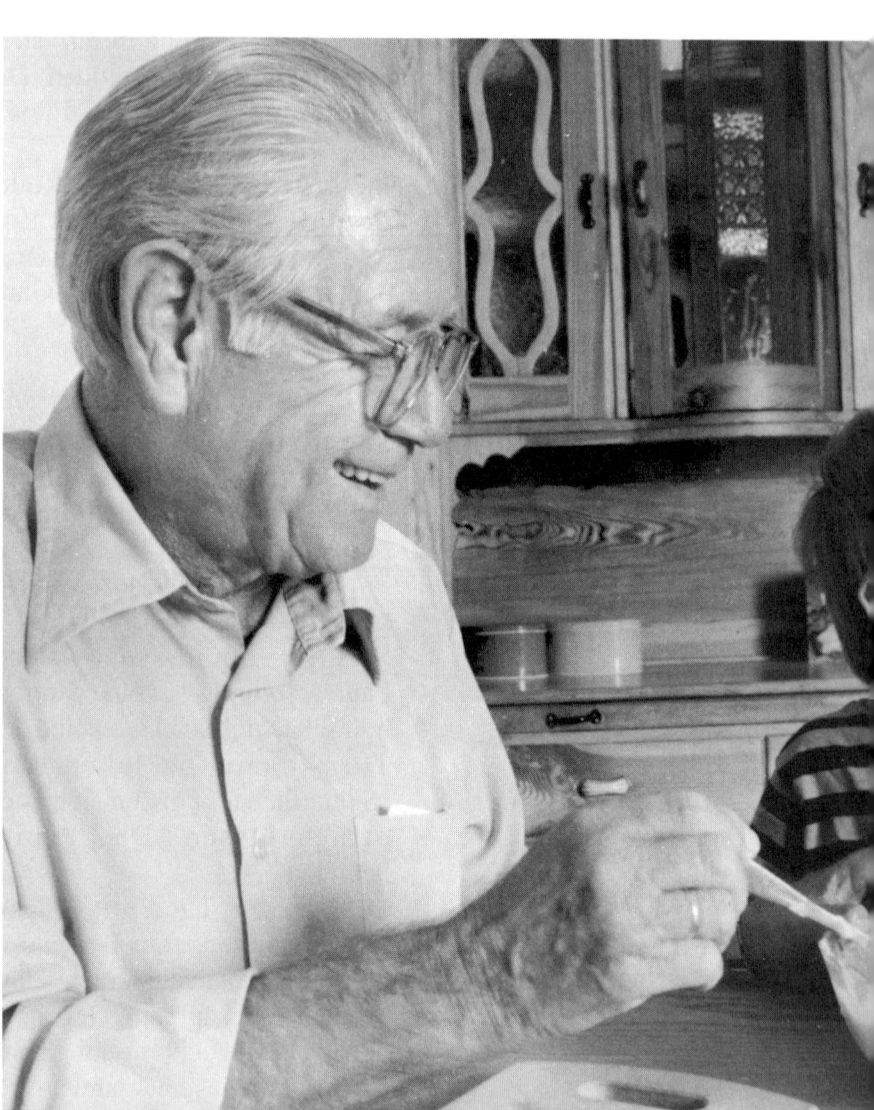

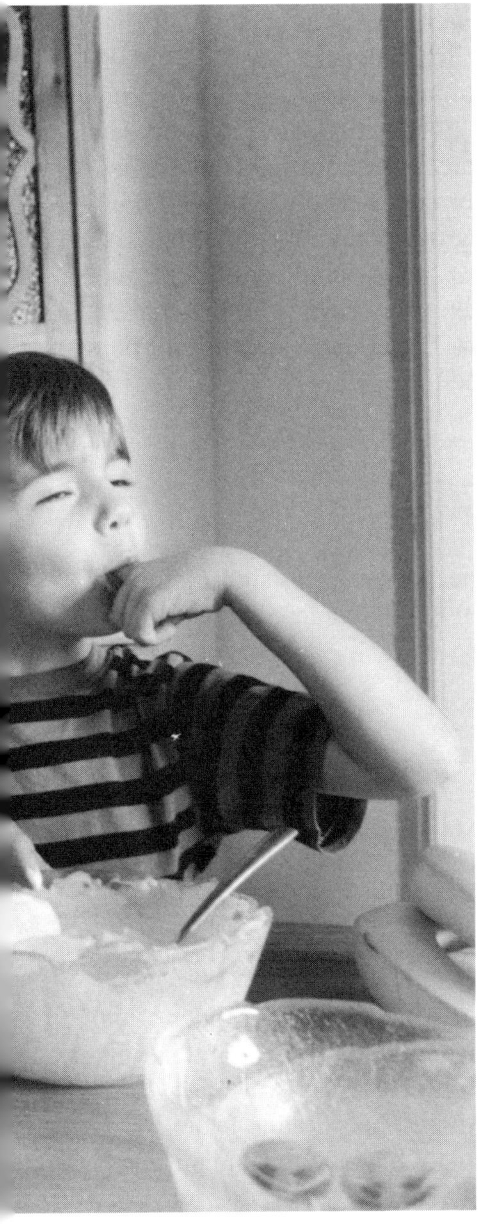

Kapitel 10

Rühren, kochen backen

Ab und an ist eine Stärkung fällig. Dann kochen wir gemeinsam — süß oder sauer, immer lecker.

Gesundes auch für Leckermäuler

Zusammen kochen macht meist Riesenspaß. Oder auch backen. Kleines und Größeres... Daß Vollwertkost zwar gesund ist, aber ansonsten nur eintönig und langweilig schmeckt, Kinder sie nicht mögen und nur mit Widerwillen runterschlucken, — dieses Vorurteil ist durch die Wirklichkeit überholt. Spätestens auf den folgenden Seiten werden Sie Rezepte finden, die nicht nur einfach und schnell zu zaubern sind, sondern mit denen Sie Ihren Enkelkindern den Mund gehörig wässrig machen können. Schließlich werden die Kinder begeistert selbst den Kochlöffel in die Hand nehmen. Zusammen rühren, kochen und backen Sie die „süßen Sachen" und nebenbei können Ihre Enkel den Umgang mit den verschiedenen Küchengeräten lernen.

Apfelrezepte

Für Kinder eine glatte runde Sache. Denn Äpfel sind nicht nur gesund, sie schmecken den meisten Kindern auch ganz prima.

1 Apfelpfannkuchen

3 Äpfel
etwas Butter
2 Eier
1 Tasse frisch gemahlenes Weizenmehl
eine Tasse Milch
1 EL Honig
1 Prise Salz

Saft einer halben unbehandelten Zitrone

Die Äpfel schälen, entkernen und in Scheiben schneiden. Die Apfelscheiben in die Pfanne geben und in wenig Butter von beiden Seiten bräunen. Milch, Honig, Mehl, zwei Eier, Salz verrühren und den Teig über die Äpfel in der Pfanne geben.

Den Pfannkuchen von beiden Seiten goldgelb braten und mit Zimt bestreuen.

2 Apfelauflauf

2 altbackene Vollkornbrötchen
Saft einer halben unbehandelten Zitrone
25 g ungeschwefelte Rosinen
3 nicht zu große Äpfel
2 Eier
3 EL Honig
etwas Butter

Die Brötchen in dünne Schnitzel schneiden und in heißer Milch quellen lassen. Rosinen in Zitronensaft legen.
Die Äpfel schälen, entkernen und in Scheiben schneiden. Eier, Honig mit dem Brötchen-Milch-Teig verrühren.
Den Teig in eine ausgebutterte Form geben, die Äpfel auf den Teig schichten und die Rosinen über die Äpfel streuen.
Den Auflauf bei mittlerer Hitze im Ofen backen, bis die Oberfläche goldbraun ist.

3 Äpfel im Bratrohr

2 nicht zu kleine Äpfel
Rosinen
Marmelade
ein paar Haselnußkerne
etwas Zitronensaft

Die Äpfel gründlich abwaschen und das Kerngehäuse ausstechen.
Die Äpfel mit Rosinen und Nüssen füllen und etwas Zitronensaft dazugeben.
Auf einem mit Butter bestrichenen Blech in den Ofen schieben und bei mittlerer Hitze braten lassen, bis sie beginnen, weich zu werden.

4 Apfelringe

2 bis 3 Äpfel
1 unbehandelte Zitrone
1 EL Honig
1/4 l Sahne
1 EL gehackte Mandeln

Die Äpfel schälen, das Kerngehäuse entfernen und in Ringe schneiden. Den Zitronensaft mit einem Schuß Wasser und dem Honig in einen Topf geben und erhitzen.

Die Apfelscheiben dazugeben und ein paar Minuten lang dünsten. Die Ringe mit einem Kochlöffelstiel aus dem Topf fischen, auf Teller legen und Sahne darübergeben (geschlagen oder flüssig).

Zum Schluß die Sahne mit den Mandeln verzieren.

5 Apfeltaschen

500g fein gemahlenes Weizenmehl
0,2 l Milch
2 gehäufte EL Butter
1 Ei
2 EL Honig
1 TL Vanillehonig
1 TL Zitronenhonig
1 Prise Salz
1/2 Würfel Hefe

Butter in der Milch lauwarm werden lassen. Zusammen mit dem Ei, den Gewürzen, dem Salz und der Hefe zum Mehl geben und ca. 10 Minuten kneten. Teig zugedeckt an einem warmen Ort 30 Minuten stehen lassen.

Für die Füllung:

500 g säuerliche Äpfel
2 EL Semmelbrösel oder
1 EL Brösel und 1 EL gemahlene Haselnüsse
2 EL Akazienhonig
1 TL Vanillehonig
eine Handvoll Rosinen

Äpfel waschen, vierteln und das Kerngehäuse entfernen. Grob raspeln und mit den übrigen Zutaten mischen.
Aus dem Teig eine lange Rolle formen und Scheiben davon abschneiden. Platt drücken, etwas ausrollen und dann mit der Füllung belegen. Den Teig nacheinander von vier Seiten zuklappen.
Die Apfeltaschen auf ein eingefettetes Backblech legen, ruhen lassen und dann bei 180 Grad C etwa 20 Minuten backen.

6 Apfeltoast

4 Scheiben Vollkorntoast
4 EL Crème fraîche
eine Handvoll Haselnußkerne
einige Tropfen Zitronensaft
1 Messerspitze Honig
Pfeffer aus der Pfeffermühle
etwas Majoran
2 säuerliche Äpfel
4 Scheiben Gouda

Haselnüsse fein mahlen und mit Crème fraîche, Zitronensaft, Honig und den Gewürzen vermischen. Die Masse dick auf die Toastbrote streichen, die Äpfel darüberschnitzeln und zuletzt die Käsescheiben über die Toaste verteilen.
Bei 225 Grad C im Backofen backen oder unter den Tischgrill legen, bis der Käse zerläuft.

Himbeerrot — so schön fruchtig

Himbeerrezepte, die nicht nur wegen ihrer schönen roten Farbe gut bei Kindern ankommen.

7 Himbeerpfannkuchen mit süßer Soße

250 g frische oder 1 Paket tiefgefrorene Himbeeren
8O g brauner Zucker
1/2 Becher Schlagsahne
4 Eier
3 EL Milch
1 EL brauner Zucker
1 Prisc Salz
75 g Weizenvollkornmehl
Butterschmalz

Die Himbeeren gegebenenfalls in einen Topf geben und bei schwacher Hitze auf dem Herd auftauen lassen, mit dem Schneidestab eines Handrührers pürieren. Den Zucker in eine Pfanne geben und bei schwacher Hitze rühren bis er karamelisiert.
Die Sahne langsam zu der braunen Zuckermasse geben und das Ganze rühren bis sich der Karamel gelöst hat. Die Soße abkühlen lassen.
2 Eier trennen, das Eigelb zusammen mit den restlichen Eiern, mit Mehl und Milch, mit Zucker und Salz zu einem Teig verrühren.
Das Eiweiß zu Schnee schlagen und vorsichtig unter den Pfannkuchenteig heben.
Butterschmalz in einer Pfanne erhitzen und aus dem Teig bei Mittelhitze Pfannkuchen backen.
Einen Pfannkuchen auf den anderen legen und zwischen die Pfannkuchen Himbeerpüree geben.
Die Karamelsoße über den Pfannkuchenberg gießen.
Zum Essen den Pfannkuchenberg wie eine Torte anschneiden.

8 Himbeer-Flammeri

1/4 l Milch
1 EL Vanillehonig
1 Prise Salz
3O g Hartweizengrieß
1 Ei
250 g frische oder ein Paket tiefgefrorene Himbeeren

Die Himbeeren gegebenenfalls in einem Topf bei schwacher Hitze auf dem Herd auftauen lassen und pürieren.
Die Milch mit Salz und Vanillehonig erhitzen und den Grieß dazugeben. Alles bei schwacher Hitze unter Rühren dick kochen. Das Ei trennen, Eigelb in den Brei geben und verrühren, Eiweiß steif schlagen und vorsichtig unter den Grießbrei heben.
Den Grießbrei in eine Puddingform geben und stürzen, wenn er kalt ist.

Dann das Himbeerpüree über den Flammeri geben.

9 Himbeermilch

125 g frische oder 1/2 Paket tiefgefrorene Himbeeren
2 EL Honig
1/2 l Milch

Himbeeren gegebenenfalls in einem Topf bei schwacher Hitze auftauen und erwärmen, dann pürieren.

Den Honig dazugeben. Zum Schluß das Püree mit der Milch vermischen.

10 Himbeerwackelpudding

1/4 l Himbeersirup
25 g Stärkemehl
125 g frische oder 1/2 Paket tiefgefrorene Himbeeren
1 EL Honig

Mit der Hälfte des Saftes das Stärkemehl anrühren, die andere Hälfte des Saftes in einen Topf geben und zum Kochen bringen.

Das angerührte Stärkemehl in den Topf geben und unter Rühren aufkochen lassen.

Eine Puddingschüssel mit kaltem Wasser ausspülen, die Puddingmasse in die Schüssel geben und in den Kühlschrank stellen. Den Pudding stürzen, wenn er kalt ist und mit den (aufgetauten) Himbeeren garnieren.

11 Himbeereisbecher

500 g frische oder 1 Paket tiefgefrorene Himbeeren
1/2 Becher Sahne
2-3 EL Honig

Die Himbeeren pürieren und kalt stellen, tiefgefrorene Himbeeren auftauen lassen, dann pürieren.
Die kalten Himbeeren durch ein Sieb streichen.
Honig in einen Topf geben, mit 4 EL Wasser und der Himbeermasse verrühren, und unter Rühren aufkochen lassen. Die Sahne steif schlagen und unterziehen.
Die Masse in Eiswürfelschalen füllen und im Tiefkühlfach gefrieren lassen.

12 Tofu-Himbeeren in Blätterteig

1 Paket Vollkornblätterteig
200 g Tofu (Sojaquark)
250 g Himbeeren
1 EL Vanillehonig
1 Ei

Blätterteig in Quadrate schneiden. Den Tofu zusammen mit den Himbeeren zerdrücken und den Honig untermischen. Von dieser Masse jeweils ein Häufchen auf eine Blätterteigscheibe setzen. Das Ei trennen und die Ränder der Teigscheiben mit dem Eiweiß bestreichen, so daß sie gut zusammenkleben. Dann die Scheiben so zu dreieckigen Taschen falten, daß die Tofu-Himbeermasse eingeschlossen ist. Die Täschchen nun mit dem Eigelb bestreichen, auf einem mit kaltem Wasser abgespülten Blech verteilen und im Backofen knusprig backen.

Erdbeersüß und ganz schön saftig

Erdbeerrezepte, die nach Sommer und Verwöhnen schmecken.

13 Erdbeerpfannkuchen mit Vanilleeis

2 Eier
1-2 EL Honig
60 g Weizenmehl, frisch gemahlen
40 ccm Milch
250 g Erdbeeren
etwas Margarine
Saft einer halben unbehandelten Zitrone
25 g gehackte Mandeln
ein kleines Paket Vanilleeis

Die Erdbeeren mit dem Schneidestab eines Handrührers pürieren und den Zitronensaft mit dem Püree vermischen.
Eier trennen. Eigelb mit Honig, Mehl und den gehackten Mandeln verrühren. Eiweiß steif schlagen und den Eischnee vorsichtig unter den Teig heben.
Minipfannkuchen in einer Pfanne bei mittlerer Hitze in wenig Margarine backen.
Pfannkuchen mit Vanilleeis und Erdbeerpüree servieren.

14 Erdbeersandkuchen

2 Scheiben Sandkuchen
2 Kugeln Vanilleeis
250 g Erdbeeren
1 Päckchen Vanillepuddingpulver
1/4 l Milch
1 Eigelb
1/2 EL Honig

Den Sandkuchen auf zwei tiefe Teller legen.
Die Erdbeeren halbieren und in dünne Scheiben schneiden (aufgetaute Erdbeeren pürieren). Aus der Hälfte des Puddingpulvers, dem Honig und der Milch Pudding kochen, das Eigelb unterrühren.

Das Eis auf die Sandkuchenscheiben legen und das Erdbeermus oder die Früchte über das Eis gießen bzw. legen. Den warmen Pudding über Erdbeeren, Eis und Sandkuchen geben.

15 Erdbeerkugeln

1 Ei
3 EL Himbeersirup
1 EL Honig
60 g Butter
2 Tassen Weizenvollkornmehl
1 TL Backpulver
1 Becher Joghurt
2 EL Erdbeermarmelade

Ei, Himbeersirup, Honig und Butter miteinander verrühren, Backpulver und Mehl unterrühren. Joghurt und Erdbeermarmelade unterheben.
Aus Alufolie 4 oder auch 6 etwa 10 x 10 cm große Quadrate schneiden und auf jedes Quadrat einen Klacks Teig geben, dann die Ränder der Aluquadrate hochbiegen und umknicken.
Die Alufórmchen mit dem Teig in den Ofen stellen und bei 200 Grad Celsius etwa 20 Minuten backen.

16 Erdbeertörtchen

4 kleine Tortenförmchen (für die Puppenküche).
60 g Butter
2-3 EL Vanillehonig
60 g Weizenvollkornmehl,
1 Messerspitze Backpulver
eine Handvoll Erdbeeren

Butter, Honig und Ei miteinander verrühren, Mehl und Backpulver dazugeben, verrühren.
Die Törtchen mit Butter auspinseln und den Teig hineingeben.
Die Erdbeeren waschen, auf Haushaltspapier zum Trocknen auslegen, vorsichtig abtupfen und halbieren. Die Erdbeeren auf dem Teig in den Förmchen verteilen. Nun die Törtchen bei mittlerer Hitze etwa 20 Minuten im Backofen backen.

17 Erdbeeromelett

3 Eier
ein EL Milch (oder Wasser)
1 Prise Salz
etwas abgeriebene Schale einer unbehandelten Zitrone
1 TL Honig
etwas Butter
Erdbeermarmelade

Eier, Milch, Salz, Zitronenschale und den Honig miteinander verquirlen.

Butter in einer Pfanne erhitzen, die verquirlten Eier hineingeben und rühren, bis die Eier zu stocken beginnen.

Wird die Masse fester, die Pfanne von der Herdplatte nehmen und dick Erdbeermarmelade auf die Eiermasse geben.

Dann das Omelett zusammenklappen und servieren.

Was noch mit Beeren geht

18 Beerentoast

4 Scheiben Vollkorntoast
etwas Butter
250 g verschiedene Beeren
1 Prise Zimt
100 g gemahlene Haselnüsse
1 Kugel Mozzarella
2 TL Vanillehonig

Die Toastscheiben mit Butter bestreichen. Die Beeren putzen, waschen, zerdrücken und mit dem Zimt und den Nüssen mischen. Diese Masse auf den Brotscheiben verteilen, jeweils eine Scheibe Mozzarella darauflegen und alles überbacken. Vor dem Servieren den Käse mit Honig beträufeln.

19 Beerengrießbrei

500 g Beeren
1 TL Zitronenhonig
4 EL Vollkorngrieß
1 TL Vanillehonig
2 Tassen Milch
1 Prise Salz

Die Beeren waschen, verlesen und zerdrücken. Anschließend in Schüsselchen oder auf Teller verteilen und mit dem Zitronenhonig beträufeln. Milch mit Salz und Vanillehonig zum Kochen bringen und den Grieß einstreuen. Bei ganz milder Hitze den Grieß etwa 15 Minuten ausquellen lassen und den Brei über die Beeren gießen.

20 Popcorn-Schichtspeise

500 g Sommerbeeren
500 g Sahnequark
1 TL Vanillehonig
3 EL Honig

Für das Popcorn:

eine Handvoll Mais
Öl

Popcorn: In einem großen Topf, der mit einem Deckel fest verschließbar sein muß, wird etwas Öl erhitzt. In das heiße Öl geben Sie den Mais (achten Sie auf eine natürliche Mais-Qualität, das heißt Mais aus kontrolliertem biologischen Anbau), reduzieren die Hitze und verschließen den Topf schnell wieder.

Mit hörbarem Knallen und einem schaumig-weißen Mantel bilden sich die leckeren Knusper-Knabber-Körner.

Ist die Knallerei zu Ende, wird der Topf vom Herd genommen.

Mit Honig beträufelt, schmeckt das Popcorn noch besser.

Die Beeren putzen, waschen und mit 2 EL Honig überziehen.

Den Quark mit dem Vanillehonig und einem EL normalem Honig glattrühren. Nun schichtweise Popcorn, Quark und Beeren in ein hohes Gefäß füllen. Fertig.

Kirschkuchen und Küchlein

Kirschrezepte — supertoll und knackig.

21 Kirschauflauf mit Quark

500 g Sauerkirschen
3 EL Honig
500 g Magerquark
3 Eier
1 TL Backpulver
60 g frisch gemahlenes Weizenmehl
1 EL Butter

Eiweiß und Eigelb trennen.Eigelb, Honig und Quark verrühren und das Mehl mit Backpulver dazugeben. Das Eiweiß steif schlagen und unter die Quarkmasse heben.

Zwei Drittel der Quarkmasse in eine ausgebutterte Auflaufform geben und die Kirschen auf der Masse verteilen.

Den Rest der Quarkfüllung in die Form füllen und den Auflauf bei Mittelhitze etwa eine Stunde backen.

22 Kirschplätzchen

4 alte Vollkornsemmeln
4 EL Vollkornmehl
1 Tasse Milch
2 Eier
2 EL Honig
1 Messerspitze Zimt
500 g Kirschen
Öl zum Ausbacken

Die Semmeln in Wasser einweichen und fest ausdrücken.

Während die Semmeln weichen, die Kirschen waschen und entsteinen. Die Semmeln in kleine Stückchen zupfen und mit Mehl, Milch, Eiern, Honig und Zimt verrühren. Zum Schluß werden die Kirschen untergehoben, mit einem Löffel kleine Teigstückchen abgestochen und in dem heißen Öl knusprig gebraten.

23 Kirschkuchen auf fixe Art

Sie brauchen für einen kleinen Kuchen in einer kleinen Kuchenform:

250 g Kirschen
60 g Butter
3 EL Honig
2 Eier
90 g Vollkornmehl
1/2 TL Backpulver

Ein Ei trennen und das Eiweiß steif schlagen. Das Eigelb mit dem zweiten Ei, dem Honig und der Butter verrühren, Mehl und Backpulver dazugeben.
Das Eiweiß vorsichtig unter den Rührteig heben.
Den Teig in eine ausgebutterte Kuchenform geben.
Die gewaschenen und entsteinten Kirschen auf dem Kuchenteig verteilen und sanft eindrücken.
Den Kuchen bei mittlerer Hitze etwa eine Stunde backen.

24 Kirschpudding

250 g Sauerkirschen
40 g Butter
3 EL
1/2 TL Zimt
3 Eier
50 g geriebener Vollkornzwieback

Eiweiß und Eigelb trennen. Butter und Honig schaumig rühren, dreimal Eigelb und Zimt unterziehen.
Das Eiweiß steif schlagen und ebenfalls zusammen mit dem geriebenen Zwieback und den Kirschen (gewaschen und entsteint) unterziehen.
Den Pudding in eine Schale geben und 45 Minuten im Wasserbad kühlen.

25 Kirschkompott

250 g Sauerkirschen
3 EL Himbeersirup
etwas Zimt und abgeriebene Zitronenschale

Die Kirschen, gewaschen und entsteint, mit dem Himbeersirup in einen Topf geben, mit Zimt und Zitronenschale würzen und einmal aufkochen lassen.

26 Kirschquarkjoghurtspeise

250 g Sauerkirschen
etwas Kirschsaft
1 Becher Joghurt
200 g Quark
2 EL Honig

Kirschen waschen und entsteinen. Joghurt, Quark, Honig und etwas Kirschsaft verrühren. — Die Quarkspeise darf nicht zu flüssig werden. — Dann die Kirschen vorsichtig unterheben.

Birnen — nicht nur als Kompott

Birnenrezepte, die schnell zu verwirklichen sind.

27 Birnen mit Karamelgeschmack

2 Birnen
1 EL brauner Zucker
1 EL Butter
1/8 l Birnensaft

Die Birnen schälen, halbieren, entkernen, in Schnitze schneiden. Den Zucker in der Pfanne erst auflösen, dann unter Rühren vorsichtig karamelisieren lassen. Butter dazugeben und ebenfalls schmelzen lassen.

Die Birnenschnitze in die Pfanne legen und den Birnensaft dazugießen. Die Früchte ein paar Minuten lang in der Karamelsoße liegen lassen.

28 Pikante Birnenpakete

2 große Birnen
Zitronensaft
4 Scheiben Vollkornblätterteig
150 g Blauschimmelkäse
2 EL Holundermus

Den Blätterteig sehr fein ausrollen. Die Birnen waschen, trockenreiben und der Länge nach halbieren. Mit einem Teelöffel das Kerngehäuse entfernen. Bart und Stiel abschneiden und die Schnittstellen mit Zitronensaft beträufeln.
Der zerbröckelte Käse wird nun in die Kernhaushöhlen gefüllt. Je eine halbe Birne kommt auf ein Blätterteigblatt.
Die Käsehäufchen mit je einem halben EL Holundermus übergießen und die Birnen im Blätterteig einpacken.
Wenn die Ränder nicht gut übereinander halten, können Sie sie mit ein wenig Wasser oder Eiweiß einpinseln.
Bei 200 Grad C werden die Pakete auf unterster Stufe gebacken.

29 Birnen mit echter Vanillesoße

1/2 l Milch
1/2 Stange Vanille
2 EL brauner Zucker
2 Eigelb
2 Birnen

Die Birnen schälen, in Hälften schneiden, entkernen und in wenig Wasser nicht zu weich kochen.
Milch in einen Topf geben, 2 EL davon abnehmen. Die restliche Milch mit aufgeschnittener Vanillestange zum Kochen bringen.
Die 2 EL Milch, das Eigelb und den Zucker verrühren.
Die Eimasse mit dem Schneebesen unter die kochende Milch heben und bei geringer Hitze weiterschlagen, bis die Soße cremig wird (nicht kochen lassen). Zuletzt den Soßentopf in ein kaltes Wasserbad stellen und die Soße weiterhin rühren.
Vor dem Essen die Vanillestange aus der Soße nehmen.

30 Birnenkuchen

4 EL Vanillehonig
3 EL Öl
2 Eier
80 g Vollkornmehl
1/8 l Milch
400 g Birnen

Die Birnen schälen, halbieren, entkernen und in dünne Längsstreifen schneiden. In eine mit Öl ausgefettete kleine, niedrige Auflaufform legen.
Das restliche Öl, Honig, Eier und Mehl zu Teig verrühren und Milch dazugeben.
Den Teig über das Obst in der Auflaufform geben und bei 200 Grad C goldgelb backen.
Der Kuchen schmeckt am besten warm.

Pfirsiche und was sich daraus machen läßt

31 Pfirsichreis

4 halbe Pfirsiche
1/4 l Milch
50 g Rundkornnaturreis
2 EL brauner Zucker
1/2 Becher süße Sahne
1/2 Vanilleschote

Die Milch erhitzen. Reis, Zucker und Vanilleschote in die erhitzte Milch geben.Den Reis etwa 20 bis 30 Minuten lang in der Milch köcheln lassen, bis er weich ist. Die Sahne schlagen und unter den Reis heben. Die Pfirsiche klein schneiden und den Reis auf die Pfirsiche geben.

32 Pfirsichpfannkuchenauflauf

4 Pfannkuchen
1/2 Becher Sahne
1 Eigelb
1 EL Vanillehonig
4 halbe Pfirsiche
einen Löffel Pfirsich- oder Erdbeermarmelade

Rezept für Pfannkuchen siehe unter Nr. 7.
Die vier Pfannkuchen jeweils auf einer Seite mit Marmelade bestreichen, aufrollen und nebeneinander in eine ausgebutterte Auflaufform legen.
Die Pfirsiche in feine Streifen schneiden.
Eigelb, Sahne und Vanillehonig vorsichtig verrühren und über die Pfannkuchen gießen.
Den Pfannkuchenauflauf bei 200 Grad C etwa 20 Minuten im Ofen backen.

33 Pfirsichschaum mit Johannisbeertupfen

1 Eiweiß
1 Becher Joghurt
1/2 Becher Sahne
1 EL Honig
4 halbe Pfirsiche
Johannisbeermarmelade

Eiweiß und Sahne steif schlagen, Honig und Joghurt verrühren.
Eiweiß und Sahne vorsichtig unter die Joghurtmischung ziehen.
Die Pfirsiche klein schneiden, die Joghurt-Sahne-Soße dazugeben und das Ganze mit einem Klecks Johannisbeermarmelade servieren.

34 Pfirsichkuchen

1 Becher Sahne
1 Becher brauner Zucker
2 Becher Weizenvollkornmehl
4 Eier
1 Päckchen Vanillezucker
1 Päckchen Backpulver
1 Dose Pfirsiche

Sahne, Zucker, Eier verrühren und Mehl samt Backpulver dazugeben und alles verrühren.
Den Teig auf ein eingefettetes Backblech geben und verstreichen.
Die Pfirsiche aus der Dose auf dem Teig auslegen.
Das Blech mit Teig und Früchten in den Ofen schieben und bei mittlerer Hitze etwa 20 Minuten lang backen.

35 Überbackener Früchtetraum

500 g sehr reife Früchte, z. B. Aprikosen, Pfirsich, dicke Pflaumen oder Birnen
1 EL Butter
2 Eiweiß
3 EL Akazienhonig
3 EL sehr fein gemahlene Haselnüsse

Die Früchte waschen, abtropfen lassen und, je nach Sorte, entsteinen oder entkernen. Dann eine flache, feuerfeste Form mit der Butter einfetten und die aufgeschnittenen Früchte hineinsetzen. Das Eiweiß wird zu steifem Schnee geschlagen, und unter weiterem Schlagen läßt man den Honig in dünnem Strahl dazufließen. Zum Schluß die Nüsse unterziehen und die Masse auf die Früchte verteilen . Die Form in den auf 175 Grad C vorgeheizten Backofen schieben und die Hauben in etwa 15 Minuten goldbraun backen.

Leckere Bananen

Einfache Rezepte für Bananenfreunde.

36 Bananentoast mit Schinken

2 Scheiben Vollkornbrot
2 Bananen
2 Scheiben gekochten Schinken
1 TL Butter

Die Brotscheiben toasten und mit Schinken belegen.
Die Bananen schälen, der Länge nach halbieren und bei geringer Hitze in Butter kurz braten.
Die Bananen auf die getoasteten Brotscheiben mit Schinken legen. Fertig

37 Bananenauflauf

6 Scheiben Vollkornzwieback
1/4 l Milch
1 Ei
125 g Quark
1 EL Honig
2 süße Apfelsinen (oder eine Dose Mandarinen)
1 große Banane

In eine ausgebutterte Auflaufform die Zwiebäcke legen.
Milch, Bananen, Eigelb und Quark mit dem Handrührgerät pürieren, die Apfelsine schälen, in Spalten zerlegen und auf den Zwiebäcken verteilen.
Die Quarkmasse über die Zwiebäcke mit den Apfelsinen geben und den Auflauf etwa 30 Minuten im Ofen bei 220 Grad C backen. Inzwischen Eiweiß und Honig steif schlagen, über die vorgebakkene Masse in der Auflaufform geben und noch einmal für 10 Minuten in den Ofen schieben.

38 Banane mit Honig

2 Bananen
1 TL Butter
1 EL Honig

Bananen schälen und der Länge nach halbieren.
Butter bei milder Hitze in der Pfanne zum Schmelzen bringen und die Bananen hineinlegen.
Die Bananen mit Honig bestreichen, wenden und aus der Pfanne nehmen, wenn sie beginnen, weich zu werden.

Süßsaures für Kinder

Rezepte mit Zitrusfrüchten.

39 Orangenmilch

1 Orange
1 EL Vanillehonig
1/2 l Milch.

Die Orange auspressen und den Saft zusammen mit dem Vanillehonig und der Milch mit dem Handrührer schlagen.
Die Milch gleich trinken, da sie sonst flockig wird.

40 Zitronenlimonade

2 Zitronen
2 EL Honig
Mineralwasser

Die Zitronen auspressen. Saft und Honig in zwei Gläser geben und mit Mineralwasser aufgießen.

41 Zitronenquark

1 Zitrone
250 g Quark
1/2 Becher Sahne
1-2 EL Honig.

Zitrone auspressen, Sahne schlagen. Zitronensaft, Quark und Honig verrühren und die Sahne vorsichtig unterheben.

42 Orangenkekse

250 g Vollkornmehl
125 g Butter
150 g gemahlene Mandeln
2 EL süße Sahne
4 EL Honig
1 EL Vanillehonig
abgeriebene Schale einer unbehandelten Orange
4 EL Orangensaft, frisch gepreßt

Alle Zutaten werden rasch zusammengeknetet und etwa 15 Minuten kühl gestellt. Aus dem Teig kleine Kugeln formen und flachgedrückt auf ein eingefettetes und bemehltes Backblech legen. Bei 175 Grad C etwa 20 Minuten backen. Die Kekse dürfen nicht zu dunkel werden!

43 Orangenmousse

2 Orangen
3 Eier
2 EL Honig

Die Eier trennen, das Eiweiß steif schlagen.
Orangen auspressen und den Saft mit dem Eigelb und dem Honig schaumig rühren. Im Wasserbad erhitzen, bis sich die Masse verdickt. Den Topf vom Herd nehmen und das steifgeschlagene Eiweiß unterheben.
Die Orangenmousse in Schälchen füllen und kalt stellen.

44 Apfelsinensalat

2 Apfelsinen
1 EL Honig

Apfelsinen schälen, in Spalten zerlegen und entkernen. Dann in Stücke schneiden, mit Honig beträufeln, abdecken und ein paar Stunden kalt stellen.
Den Apfelsinensaft abgießen und erneut über die Apfelsinenstükke geben.

45 Apfelsinenjoghurt

2 Becher Joghurt
1 kleine Apfelsine
1 EL Honig.

Joghurt in eine Schüssel geben und mit Honig und Apfelsinensaft gründlich verrühren.

Nüsse, Mandeln, Schokolade

Schnelle Rezepte, die raffiniert wirken.

46 Nußkuchen

5 Eier
150 g brauner Zucker
50 g Butter
190 g geriebene Haselnüsse
abgeriebene Zitronenschale einer unbehandelten Zitrone

Die Eier trennen und das Eiweiß steif schlagen, Eidotter und Honig schaumig schlagen. Nüsse und Zitronenschale vorsichtig unter die Ei-Zuckermischung rühren. Das geschlagene Eiweiß unterheben. Eine kleine Springform ausbuttern, den Nußteig einfüllen und etwa eine Stunde lang im Ofen bei Mittelhitze backen.

47 Nußmilch

100 g gemahlene Haselnüsse
1/2 l Milch
1/2 Vanillestange
etwas Honig zum Süßen.

Milch, Vanillemark und die gemahlenen Haselnüsse mit dem Handrührgerät cremig rühren und mit Honig süßen.

48 Nußoblaten

300 g gemahlene Haselnüsse
3 EL Honig
1 Prise Salz
1/8 l süße Sahne
1/2 TL Zimt
1 EL abgeriebene Schale einer unbehandelten Orange
Vollkornoblaten

Nüsse, Honig, Salz und Sahne in einen Topf geben, unter Rühren etwas braun werden lassen. Dann abkühlen lassen. Zimt und Orangenschale unterrühren und mit einem Teelöffel auf die Oblaten Häufchen setzen. Die Oblaten auf das Backblech legen und bei 175 Grad C 20 Minuten backen. Als Verzierung zusätzlich vor dem Backen auf die Häufchen je eine Nuß setzen.

49 Mandelschäumchen

3 Eiweiß
3 EL dünnflüssiger Honig
1 TL Zitronensaft
250 g gemahlene Mandeln

Das Eiweiß mit dem Zitronensaft steif schlagen. Unter weiterem Schlagen nach und nach den Honig einfließen lassen. Zum Schluß die gemahlenen Mandeln unterheben und mit einem Teelöffel Häufchen auf ein Backblech setzen. Statt Backpapier können Sie auch Oblaten verwenden, die mitgegessen werden können. Das Ganze etwa 15 Minuten bei 175 Grad C zartbraun backen.

50 Schokowaffeln

60 g Butter
3 Eier
1/2 Tasse Milch
2 EL Honig
200 g frisch gemahlenes Weizenmehl
1/2 TL Backpulver
3 EL Carob (Kakao kann auch verwendet werden,
dann nur 2 EL und 3 EL Honig)
Butter oder Öl für das Waffeleisen

Die Butter etwas weich werden lassen und mit Milch, Eiern und Honig verrühren. Dann Mehl, Backpulver und Carob oder Kakao dazugeben und quellen lassen.
Das Waffeleisen ausfetten und bei mittlerer Hitze Waffeln backen.

51 Schokoreis

1 Tasse Wasser
1 Tasse Milch
1 Tasse Rundkornnaturreis
1 Prise Salz
1 EL Carob oder Kakao
1 EL süße Sahne
1 EL Honig
1 TL Vanillehonig
1 EL gehackte Haselnüsse oder
2 EL Knuspermischung

Das Wasser zusammen mit der Milch und dem Salz aufkochen, dann den Reis dazuschütten. Bei geringster Hitze quellen lassen. Carob bzw. Kakaopulver mit Sahne und Honig vermischen und alles unter den Reis rühren, wenn er gar ist.

Überraschungen und Zwergengeschenke für Enkelkinder

Hier habe ich einige Anregungen für Ihre Schenk-Phantasie zusammengestellt — für Gelegenheiten, zu denen Sie Ihrem Enkelkind ein ausgefallenes Geschenk machen wollen. Darunter sind auch eine Menge kleiner Dinge, über die sich Enkelkinder freuen, auch wenn sie sich so etwas nie gewünscht haben.

Anhänger für eine Kette
Anstecknadel
Armband — geflochten aus Bändern
Badehandtuch
Bademantel
Blechdose — je älter, desto besser
Bleistift
Blumenpresse
Blumensamen
Boxball
Brustbeutel
Buntstifte
Büroklammerschlange — aus bunten Klammern
Cellophantüte mit Gemüse für einen Kaufmannsladen
Cowboyweste
Diabolo
Fahne
Familienfotos
Federballspiel
Federhalter und Tusche
Federn
Flickendecke fürs Puppenspielen
Flöte — selbstgemacht aus Weidenholz
Fotoalbum samt Bildern
Geduldspiel
Glasmurmeln
Glitzersteine (aus der Kurzwarenabteilung)
Golddukaten mit Schokoladeninhalt
Gürtel
Haarbänder
Haarspange
Halstuch
Hammer und Nägel
Handschuhe aus Wolle mit aufgesticktem Namen
Holzkasten
Holzreifen
Hosentaschenteddy — Teddy in Kleinformat, zum häufigen Mitschleppen geeignet
Hupfball
Kaleidoskop
Kassette
Katzenzungen
Kindernagelbürste

Knete
Kompaß
Kreisel und Peitsche
Kuchenform für Puppen
Kugelwürfel
Kullerbahn mit Murmeln
Kunstpostkarten
Lackstifte
Lakritze
Laterne
Leerkassette zum Selberbesprechen
Lesezeichen
Liebesbilder
Liebesperlen mit Sauger und Flasche
Locher
Luftballons
Luftschlangen
Minibilderbuch
Muschel mit Blume, die sich im Wasser öffnet
Nistkasten für Vögel im Garten
Oldtimer
Perlen zum Auffädeln und Band oder dünnen Draht
Pfefferminztaler
Pingpongbälle — mit Filzstiften bunt bemalt
Poesiealbum
Puppenkleider oder auch Kleider für einen Teddy
Radiergummi — zum Beispiel in Schweinchenform
Reisetasche
Rolle für den Kopf zum Mit-ins-Bett-Nehmen
Rucksack
Schatztruhe
Schaumbad
Schiefertafel
Schlafsack
Schlüsselanhänger
Schlüsselbund
Schneckenhaus
Schokoladentiere
Schubkarre
Schwamm
Seifenblasen
Spielgeld
Stirnband
Strohhalme
Studentenfutter
Tagebuch
Taschenlampe
Taucherbrille
Tennisbälle
Trillerpfeife
Trinkbecher
Tuschkastenfarben
Verkehrsampeln
Vorhängeschloß
Wasserball
Windrad
Wollsocken für den Winter

Lösungen zu den Rätseln

Über ganz verschiedene Zeiten (S. 54)
1. Die Zeit
2. Die Uhr
3. Der Augenblick
4. Der Tag
5. Der Morgen
6. Der Abend
7. Tag und Nacht
8. Wochen
9. Monate
10. Die Jahre
11. heute
12. Der Kalender
13. Frühjahr
14. Sommer
15. Herbst
16. Winter

Von Himmel und Erde, von Wind und Wetter (S. 55)
1. dunkel
2. Der Himmel
3. Die Sonne
4. Die Wolken
5. Der Mond
6. Sonne und Mond
7. Die Sterne
8. Der Wind
9. Der Sturm
10. Der Nebel
11. Der Regen
12. Der Regenbogen
13. Blitz und Donner
14. Die Schneeflocke
15. Das Hagelkorn
16. Die Luft
17. Der Sonnenstrahl
18. Die Dämmerung

Feld-, Wald und Wiesenrätsel (S. 56)
1. Die Tanne
2. Der Kuckuck
3. Ein Baum
4. Der Specht
5. Der Wasserfall
6. Die Pilze
7. Die Brennessel
8. Der Löwenzahn
9. Die Nuß
10. Der Hase
11. Der Uhu
12. Das Reh
13. Die Spinne
14. Das Vogelnest
15. Die Schnecke
16. Der Schmetterling
17. Der Frosch
18. Der Hamster
19. Die Maus
20. Die Schlange
21. Der Storch
22. Das Wildschwein
23. Die Krähe
24. Die Fliege
25. Die Glockenblume

26. Die Birke
27. Die Biene
28. Die Trauerweide
29. Der Bach
30. Die Ähre
31. Die Fledermaus

Von Haus, Hof und Garten (S. 57)

1. Der Hahn
2. Der Maulwurf
3. Der Regenwurm
4. Die Sonnenblume
5. Die Kuh und ihre Milch
6. Der Hund
7. Die Rose
8. Der Rasen
9. Das Gras
10. Die Bank
11. Das Ei
12. Der Salat
13. Der Schimmel
14. Der Spiegel
15. Die Tür
16. Das Fenster
17. Die Treppe
18. Der Tisch
19. Das Bett
20. Der Fernseher
21. Das Kissen
22. Der Wasserkessel
23. Die Couch
24. Die Lampe
25. Der Stuhl
26. Die Decke
27. Der (Vogel-)Bauer
28. Das Buch
29. Der Ofen
30. Der Keller
31. Die Hose
32. Der Teppich
33. Die Waschmaschine
34. Die Bilder
35. Die Teller

Quellen

Textstellen wurden mit freundlicher Genehmigung der Verlage zitiert aus:

Barbara Haupt, Vater Jakob oder der Mond in der Gulaschsuppe
© by Hoch-Verlag, Stuttgart - Wien
Karla Höcker, „Ein Kind von damals"
© by Erika Klopp Verlag, Berlin - München 1977
„Kindheit am Rhein" von Carl Oskar Jatho
© by 1969 by Verlag Kiepenheuer & Witsch, Köln
Gudrun Mebs, „Oma, schreit der Frieder"
Copyright © by 1984 by Verlag Sauerländer, Aarau und Frankfurt am Main
Erwin Moser, Eine Gurkengeschichte (Auszug) aus:
Erwin Moser, Großvaters Geschichten oder
Das Bett mit den fliegenden Bäumen
© by Beltz Verlag, Weinheim und Basel 1986
Programm Beltz & Gelberg, Weinheim
Anna Schieber, Blindlaufen aus:
Anna Schieber, Doch immer behalten die Quellen das Wort
Copyright © by 1932 by Salzer Verlag, Heilbronn
Mary Stolz, Tom Kitten regelt die Regeln, aus:
Mary Stolz, „Ich reise nach Amerika und wer will mit?"
© by 1973 Verlag Heinrich Ellermann, München
Verfasser unbekannt, Unsere Voreltern, aus:
„EIn Fisch mit Namen Fasch"
© by 1972 Verlag Heinrich Ellermann, München

Außerdem wurde aus folgenden Werken zitiert:
Theodor Fontane, Auszug aus „An Strom und Strand"
ders., Auszug aus „Wie wir erzogen wurden - wie wir spielten in Haus und Hof", aus:
Theodor Fontane, Meine Kinderjahre

Einige Rezepte aus:
Beate Seeßlen-Hurler, Das Beste von MacVollwert,
© by 1989 Scriptor Verlag, Frankfurt am Main

Karin Mönkemeyer
Babyspiele - Kinderspiele
555 Ideen und Anregungen
256 Seiten, zahlreiche Abbildungen, gebunden
ISBN 3-589-20870-8

Die Autorin bietet Anregungen für 555 Schmuse-, Finger-, Krabbel-, Bastel-, Sprach- und Rollenspiele für Kinder vom Babyalter bis zum Schulbeginn.

Anne-Bärbel Münchmeier
Feste feiern mit Kinder
Ideen und Tips für 1.000 Gelegenheiten
256 Seiten, zahlreiche Abbildungen, gebunden
ISBN 3-589-20872-4

Die Autorin zeigt, wie man mit geringem Aufwand jedes Kinderfest zu einem unvergeßlichen Erlebnis machen kann. Viele Ideen werden als einzelne Bausteine angeboten, so daß jeder "sein" Fest zusammenstellen und gestalten kann.

Cornelia Nitsch
Spiel und Spaß mit Enkeln
240 Seiten, zahlreiche Abbildungen,gebunden
ISBN 3-589-20898-8

Das Buch bringt mehr Farbe in die gemeinsamen Stunden - u.a. mit Geschichten zum Erzählen und Vorlesen, Liedern, Spielen und Basteleien.

Barbara Cratzius
Der Mond kommt durch die Nacht geschwommen
Einschlafgeschichten für Kinder und Tips für Eltern. Illustriert von Jule Ehlers-Juhle
208 Seiten, gebunden
ISBN 3-589-20908-9

Im Mittelpunkt stehen Geschichten und Gedichte, Lieder und Fingerspiele, die das Entspannen erleichtern helfen. Mit Geschichten zum Autogenen Training und Tips für Eltern.

scriptor